믿음 · 사랑 · 희망에 대하여

Glaube, Liebe, Hoffnung als christliche Tugend

믿음 . 사랑 . 희망에 대하여

Jin Kim: Glaube, Liebe, Hoffnung als christliche Tugend

김진 지음

UUP

2006

믿음 · 사랑 · 희망에 대하여

2006년 6월 15일 1판 1쇄 인쇄
2006년 6월 25일 1판 1쇄 발행

지은이 김 진
발행인 정 정 길
편집인 김 호 연
발행처 UUP (울산대학교출판부)
680-749 울산광역시 남구 무거동 산29번지
☎ 052-259-2488 FAX 227-3011
등록 울산시 제20호 (1977.7.15)

ISBN 89-7868-946-9 정가 4,000원

서문

이 책은 기독교 신앙에 관한 단상들을 모은 것이다. 삶을 둘러싼 인간적인 고뇌와 소망에 대한 이야기들과 체제 종교에 대한 비판적인 단상들까지 그 스펙트럼은 매우 광범위하다. 그러나 기독교의 중심 주제가 믿음, 소망, 사랑이라는 데 이의를 제기하는 이는 없을 것이다.

사람이면 누구든지 자신의 삶과 믿음에 대한 고유한 생각과 사상을 가지고 있을 것이다. 필자 역시 어려서부터 규범적인 신앙생활에 젖어 있었으며, 어른이 되면서부터 차츰 자유로운 생각과 상념에 빠져들게 되었다. 특정한 것, 특히 정통적인 것만이 진리라는 생각에서 모든 것을 하나로 아우르는 것이 참된 진리일 것이라는 생각으로 변화해가는 내 자신의 모습을 의식적으로 지켜볼 때가 많았다.

기독교 사상 역시 초기에는 이단이었던 것이 정통이 되기도 하고, 당시에 보다 일반적이었던 생각들이 참람한 것으로 내몰리기도 했다. 주체와 객체, 정통과 이단, 중심과 주변은 보는 관점에 따라서 뒤바뀌기도 한다.

때로는 혼란스럽고 모순되게 느껴지기도 하지만 그런 것들 속에 바로 이 세상의 참된 모습이 담겨 있다. 산골로 이사한 후에 마을에 있는 가톨릭 공소에서 신앙생활을 이어오다가 최근 들어 기독교방송과 노컷뉴스의 일을 돕기 시작했다. 그러다보니 목사님들을 자주 접하게 된다. 필자에게 관심을 갖고 있는 목사님들 중에는 내가 다시 교회에 다니는 것이 좋을 것이라고 권면하기도 한다. 그러나 우리 마을이 3백 년 된 가톨릭 피난처라서 집 바로 앞에 있는 공소를 내버려두고 한 시간 넘게 자동차를 타고 다시 시내로 들어가기가 마땅치 않다.

필자에게는 개신교와 가톨릭 사이에 큰 차이가 없으나 신부님들이나 목사님들은 그렇게 생각하는 것 같지 않다. 하기야 우리가 믿는 신의 이름마저 '하느님'과 '하나님'으로 각각 다르게 부르는 마당에 차이가 없을 리 만무하다. 그러나 젊은 시절 개신교에서 신앙생활을 해왔던 필자로서는 때때로 가톨릭이 낯설게 느껴지기도 한다. 그러나 어떤 경우에는 개신교가 가톨릭에서 배울 점이 많다고 생각하기도 한다.

독일에서 공부할 때 가톨릭 장학회 초청으로 남부 독일과 살츠부르크 여행을 한 적이 있다. 그 때 필자는 동료들과 함께 미사에 참석한 적이 있었는데, 개신교에서 세례를 받았기 때문에 당연한 생각으로 성체를 모셨다. 필자가 개신교 신자라는 사실을 알고 있는 한 아프리카 출신 여학생

이 왜 성체를 받았느냐고 따지고 들었다. 이유를 알지 못한 채 필자는 세례신자이기 때문에 성체를 모셨는데 왜 그러느냐고 반문했다. 나중에 알고 보니 가톨릭에서는 개신교 신자에 대한 성찬식 참여를 인정하지 않고 있었다.

필자는 아직까지도 이 부분을 이해하지 못하고 있다. 납득이 안 된다. 불교에 대해서 너그러운 마음을 갖고 있을 뿐만 아니라 다른 종교에도 구원이 있다고 인정하는 가톨릭 교회가 왜 개신교에 대해서는 아직도 그렇게 적대적인 태도를 취하는지 이해할 수 없다. 이러한 태도는 신·구교간의 보다 근본적인 갈등을 유발한다.

필자는 가톨릭 교회 생활을 위해서 또 다시 세례를 받아야만 했다. 그래야 진정한 하느님, 한분뿐이신 하나님의 자녀가 될 수 있다면 수백 번이라도 받을 것이다. 불교신자들은 부처님도 아닌 승려 한 사람을 만나기 위해서도 삼천 배조차 마다하지 않는다고 하지 않는가!

그러나 하느님이 한 분이시고 주님도 한 분이시라고 주장하는 교회가 세례도 하나라는 사실을 부정하는 것은 마땅하지 않은 것 같다. 에베소서는 이렇게 쓰고 있다. "하느님께서 여러분을 부르실 때에 하나의 희망을 주신 것처럼, 그리스도의 몸도 하나이고 성령도 한 분이십니다. 주님도 한 분이고 믿음도 하나이며 세례도 하나이고, 만물의 아버지이신 하느님도 한 분이십니다"(4:4-6). 성서적 신앙은 우리에게 그 세 가지의 통일성을 가르치고 있으나, 가톨릭 교회는 전통의 이름으로 세례의 일치를 거부했던 것이다. 그것은 하느님과 관련된 권능의 문제가 아니라 사람들에 관련된 권력의 문제인 것처럼 보인다.

전지전능하신 신의 존재는 분명 하나이겠지만 그 신에 대한 우리들의 생각은 이처럼 복잡하고 천차만별이다. 우리의 어른들 중에서 유영모 선생과 함석헌 선생 같으신 분들조차도 체제 교회에 순응하지 못했던 것을 보면 그저 필자만을 탓할 일이 아닌 듯하지만, 사물의 이치를 매사 물어야 하는 철학자로서 정확한 입장을 세우지 못하여 여간 유감스럽지 않다.

이 책에서 필자는 다른 사람들이 나와 같은 생각을 가져야 한다고 바라지 않는다. 믿음이란 원래 오묘하고 다양한 것이다. 기독교 신자라고 해서 그들이 동일한 신을 동일한 방식으로 섬긴다고 볼 수 없으며, 불교 신자라고 해서 똑같은 방식으로 부처님을 믿는다고 생각할 수 없기 때문이다. 같은 교회를 다니면서 같은 목사님에게 설교를 들은 신자들조차도 그 말씀을 받아들이는 방식은 저마다 다를 수 있다.

그리하여 믿음은 실존적 차이에 바탕을 둔다고 할 수 있다. 각자의 삶의 경험과 방식의 차이에서 종교신앙이라는 텍스트는 매우 다양하게 해석될 수 있는 것이다. 필자는 그런 경험과 관점에서 이 글을 썼다. 그러나 이러한 다름은 다름 그 자체로 끝나지 않는다. 다른 생각들을 뒤집

어보면 근본적으로 다른 것은 없다. 사람들의 생각이 저마다 다르지만 그 속에는 또 다른 일치가 도사리고 있다. 하느님은 많은 이름을 가지고 있다. 그러나 그 이름의 근저에 있는 참된 하느님의 존재를 묵상하는 사람들은 차이의 너머에 있는 동일성의 터전을 발견할 수 있을 것이다.

하느님을 믿고 하느님의 공동체에서 함께 의지하며 살아갈 수 있다는 것이 얼마나 큰 소망이고 위안인지에 대해서 우리는 언제나 감사하는 마음으로 살아가야 할 것이다.

백운산 자락에 있는 선필마을에서

2006년 6월 13일

김 진

믿음 · 사랑 · 희망에 대하여

기독교 신앙에 대한 철학적 성찰

차례

어떤 신부의 죽음

역시 작가 공지영씨의 시선은 날카로웠다.

지난 10월 14일자 신문들은 대부분 김대중 대통령의 노벨평화상 수상 소식을 전면에 내보내고 있었다. 약삭빠른 기업들의 광고 대열도 끝없이 이어졌다.

필자 역시 대통령의 노벨평화상 수상 소식에 감개무량하여 가슴이 벅차 올랐다. 공지영씨처럼 약간이라도 시니컬한 느낌은 전혀 들지 않았다. 그저 기쁘고 자랑스러울 뿐이었다.

노벨상을 받기 위하여 북한에 돈을 퍼주고 국정을 돌보지 않았다는 억지 주장들도 적어도 나에게는 아무런 설득력을 갖지 못했다.

그러나 바로 그 날 『중앙일보』를 펴든 순간 필자는 공지영씨와 똑같은 충격에 사로잡히고 말았다.

아무것도 갖지 않은 채로 타계하신 박석희 신부(천주교 안동교구장)에 대한 기사였다. 두말할 것 없이 필자는 그 기사를 오려내었다. 이 아까운 기사가 우리 대통령의 노벨

평화상 수상 소식에 묻히는구나 하는 생각에 너무나 안타까웠다. 지금도 이런 분이 계실까? 정말로 하늘을 우러러 한 점 부끄러움 없도록 살아가는 분들이 계실지 모르겠다. 비록 우리가 알지 못하더라도 천국의 문을 두드리기에 부족함이 없는 그런 분들이 있다고 믿어야 할 것이다.

그로부터 사흘 후에 공지영씨는 중앙일보의 옴부즈맨 칼럼에서 이 기사를 매우 소중하게 다루고 있었다.

박석희 주교는 청송군의 주왕산을 산책하다가 심근경색으로 타계하셨다. 그의 유품을 정리하던 사제들은 바지 주머니에 든 2만 5천원이 그가 남긴 전 재산이라는 사실을 알게 되었다. 아무것도 갖지 않고서 무소유의 삶을 실천하셨던 것이다.

그는 1971년에 사제가 되었다. 1974년에 로마 울바노 대학에서 철학박사 학위를 받은 후 1990년에는 주교가 되어 안동교구를 맡게 되었다. 교구청 뒤뜰 300여 평의 텃밭에서 농사를 지었고, 경운기를 끌면서 나환자 교우들이 만든 유기비료를 실어 날랐다고 한다. 행려병자들과 함께 지내면서 예수님 같은 삶을 사시다가 다른 사람들은 새로운 출발을 한다는 이순(耳順)의 나이에 홀연히 가신 것이다.

얼마 전에 "종교와 문화" 강의를 하면서 현대 기독교의 물신주의에 강한 불만을 토로한 적이 있었다. 한국 교회의 기복성과 물질적 팽창주의를 부추기는 일부 잘못된 목회 관행에 대한 강한 비판을 하면서, 목사들이 가난한 신자들보다 너무 대조적으로 잘 사는 것을 지적한 적이 있었다. 강의를 듣는 학생 중에 목회활동을 하는 이가 있었던 모양이다. 그는 왜 목사들이 잘 사면 안 되는지에 대해서 강하게 반발하였다. 그렇다. 필자 역시 목사님들이 부유하게 살 수 있어야 한다고 생각한다. 그러나 교인들 중에 찢어지게 가난한 삶을 살아가는 사람들이 그렇게도 많은데, 성직자들이 왜 그렇게 잘 살아야 하는지 성서적으로 정당화할 자신이 없다.

언젠가 젊은 시절에 필자 스스로도 목사가 되려고 한 적이 있었다. 그 까닭에 박사과정에서 기독교신학을 부전공으로 공부했고 지금도 여전히 신학 책을 즐겨 읽고 있다. 그러나 필자는 그 길을 포기했다. 어떻게 보면 하느님의 사람들을 돌보기 위하여 그 길을 선택한 것이 아니라 내 자신의 기호와 취향에 따른 결정이었기 때문이었다. 오늘날, 신학대학을 지원하는 사람들 중에는 과거의 내가 잘못 생각했던 것처럼 자신의 명예와 출세를 위하여 그 길을 택하는 경우가 많다. 안정적인 직업을 얻을 수 있기 때문에 지원자가 늘고 있는 추세이기도 하다.

그러나 참된 종교란 하늘과 사람들 사이의 분리된 간격을 해소할 수 있어야 한다. 그러므로 참된 종교인은 자신의 이익과 출세를 생각하기에 앞서 가난하고 억울한 삶을 살아가는 이들의 가슴 속에 맺힌 한을 풀어줄 수 있는 마음가짐을 가진 그런 사람들일 것이다. 필자는 노벨평화상을 수상하신 대통령을 존경하는 것과 똑 같은 마음으로, 아무도 의식하지 않고서 예수처럼 거침없이 살다 가신 그 신부님의 조용한 삶을 기리고자 한다.

한(恨)의 사제론(司祭論)을 외치셨던 서남동 목사님이 떠오른다. 그러나 안타까운 것은 강의를 하다보면 서남동 목사를 기억하는 학생들이 하나도 없다는 사실이다.

(2000.10.19)

사랑이란 무엇인가

우리의 삶 속에서 가장 값진 것은 사랑이다. 나 자신을 사랑하고 가족을 사랑하고 이웃을 사랑하며 조국을 사랑하는 것은 가장 소중한 일이다. 사랑은 나를 살리는 동시에 다른 사람을 살게 하는 것이다. 사랑은 우리의 생활에서 가장 소중하고 고귀한 것이다.

이 세상의 모든 종교들은 사랑을 가르치고 있다. 다른 사람들을 살리기 위하여 자기의 목숨까지를 아끼지 않을 수 있는 것도 사랑의 힘에서 비롯되는 현상이다. 사랑은 죽으면서도 그냥 죽어 없어지지 않고 우리로 하여금 더불어 살게 하는 묘약이다. 인류의 죄를 위하여 죽은 예수의 사랑이 죽지 않고 우리들의 마음속에 살아 있는 것은 바로 그 때문이다. 사랑은 죽어 가면서도 결코 죽지 않는 신비한 생명력을 가지고 있다.

그러나 현대사회는 사랑의 힘을 망각하고 있다. 극단적인 개인주의와 집단 이기주의는 사랑이 들어설 자리를 대신하고 있다. 그리고 배금주의와 기회주의가 진실한 우정과 사랑을 축출하고 있다. 친구와 이웃들이 잘되면 잘 될수록 더욱 더 나의 존재가 불안해지는 것은 나에게 사랑이 없는 까닭이다. 내가 잘 되는 것은 대단히 중요하다. 그러나 나의 경쟁자가 잘 되는 것은 더 중요한 일이다. 경쟁자가 없는 사람은 불행하고 고독하기 때문이다. 결국 다른 사람이나 경쟁자를 사랑하는 것은 자기 자신을 사랑하는 것이 된다. 그렇기 때문에 사랑은 언제나 자기에게 유익한 것이다.

그렇다면 도대체 사랑이란 무엇인가? 사랑은 우선 적극적으로 베풀어주는 행위라고 할 수 있다. 사랑의 심리학자 에리히 프롬은 사랑하는 경우에 남녀의 구분 없이 분비물을 발산하는 바로 그것은 바로 사랑이 '주는 행위'라는 것을 나타낸다고 주장했다. 사랑은 자기의 것을 남에게 주는 행위이다. 자기의 것을 자기가 갖지 않고 내어 줄 경우에는 고통이 따르게 된다. 그러나 그와 같은 사랑의 고통은 사람을 병들게 하는 고통이 아니라 자신이 살아 있음을 알게 하는 고통인 것이다. 자기만의 쾌락과 도취에 탐닉하고 있는 사람들에게 사랑의 고통은 주어지지 않는다. 그들은 행복한 돼지에 불과한 존재이기 때문이다. 그러나 부족하지만 자기의 것을 조금씩 나누려는 마음을 가지고 있는 사람은 분담의 고통을 느끼게 되지만, 그 같은 고통은 그로 하여금 한 사람의 소크라테스가 되게 하는 것이다.

사랑은 저절로 되는 것이 아니다. 사랑은 엄청난 훈련과 연습을 필요로 한다. 사랑은 안일하게 이루어지는 것이 아니라, 고통스럽게 성취되는 것이다. 자기 자신을 사랑하는 것도 연습이 필요하다. 훌륭한 나를 만들기 위해서는 부단하게 육체를 단련하고 교양을 쌓아야 하는 고통을 감내해야 하는 것이다. 이웃을 사랑하는 것조차도 노력이 필요하다. 관심을 갖고 살펴야 하고 자기의 시간과 열정을 바쳐야 하기 때문이다. 애인을 사랑하는데 얼마나 많은 시간과 돈과 정열이 소모되는가를 생각해 본다면, 사랑이 결코 저절로 얻어지는 것이 아님을 잘 알 수 있을 것이다. 인류를 사랑하고 자연을 사랑하는 사람들에게는 더없이 큰 고통과 노력이 요구될 것이다. 학문을 사랑하는 사람들은 결코 책을 구하는데 인색하지 않고 또한 그것을 읽어 내는 시간을 아까워하지 않아야 한다. 이처럼 우리는 사랑을 위하여 많은 시간과 돈과 정열을 바쳐야 하는 것이다. 사랑은 사랑을 위하여 고통스럽게 노력하는 사람들에게만 주어지는 가장 소중하고 고귀한 신의 선물인 것이다. (1993.01.30)

감사하는 마음

또다시 한 해가 저물어 가고 있다. 금년 한 해 동안에도 우리는 주변에서 여러 가지 크고 작은 일들을 경험하였다. 그러한 소용돌이 속에서도 지금 우리가 건재하고 있는 것은 주변의 많은 분들로부터 알게 모르게 도움을 받아 왔기 때문이다. 주위의 도움이 없다면 우리는 한 순간도 살 수 없을 것이다.

그래서 일찍이 아리스토텔레스는 인간을 가리켜서 '사회적 동물'이라고 말했다. 사람들은 사회 속에서 저마다 자기 자신을 실현하고 있으며, 또한 각자의 행복을 추구하고 있다. 그런데 여러 사람들이 더불어 살아가야 하는 이러한 사회생활 속에서 우리가 항상 가장 소중하게 생각해야 할 것은 사람과 사람의 관계일 것이다. 우리는 크고 작은 사회 속에서 다른 사람들을 만나게 된다. 가정이라는 울타리 속에서 우리는 가족들을 만나게 되고, 직장에서는 동료와 상하급자들을 만나게 된다. 우리가 속해 있는 여러 이익단체들과 지역사회 속에서도 우리는 수많은 사람들을 만나고 있다. 심지어 우리는 경쟁자와 정적으로서 자신에게 불유쾌한 감정을 갖게 하는 그런 사람들을 만나기조차 한다. 이 어떤 경우에도 우리는 다른 사람들의 존재를 인정하지 않고서는 결코 살아갈 수 없다. 이제 한해를 마감하는 오늘 이 시간에 우리가 한번 조용히 생각해 볼만한 것은 바로 감사하는 마음이다.

우리는 먼저 가족들에 대해서 생각해 보아야 한다. 가족이란 우리가 언제나 함부로 대할 수 있는 유일한 존재이다. 나의 부모님과 나의 남편, 그리고 나의 아내는 내가 아무리 화를 내고 귀찮게 굴어도 나를 용서하고 인정해 주며, 또한 내가 아무리 무능하고 무가치할지라도 나의 존재를 가장 소중하게 여겨 주는 그런 사람들이다. 고통 속에서도 슬픔 속에서도 언제나 부족한 나 자신을 있는 그대로 인정해 주는 사람들은 가족밖에 없을 것이다. 그들은 나에게 너무나 가깝게 있기 때문에 그 고마움을 느끼지 못하는 경우가 많다. 살고있는 순간을 드리우고 있는 어두움처럼 우리는 전혀 고마운 마음을 느끼지 못하고 있는 것이다. 그러므로 우리는 이제 한 해를 마무리하는 이 순간에 의도적으로나마 가족들에게 감사의 마음을 표현해야 한다.

또한 우리는 자신과 아주 가깝게 지내는 친구, 동료, 이웃, 선후배들을 생각해 보아야 한다. 그들은 우리의 주변에서 크고 작은 일이 있을 때마다 도와주고, 기쁨과 슬픔을 함께 나누는 사람들이다. 우리가 함께 어울려 밥을 먹고 술을 마시고 세상사는 이야기를 나누는 것도 대부분 이들과 함께 모인 자리에서이다. 그래서 우리의 대부분의 일상생활은 이들과의 관계 속에서 이루어지게 된다. 우리는 자신의 삶의 일부가 되어 있는 이들의 존재와 따뜻한 정에 대하여 감사하는 마음을 가져야 할 것이다.

마지막으로 우리가 감사해야 할 존재는 자기 자신을 비판하고 적대하는 사람들이다. 우리는 지금까지 이루어 온 모든 것이 실제로는 다른 사람들과의 경쟁관계 속에서 얻어낸 것이라는 사실을 인정하지 않을 수 없다. 그리고 많은 경우에는 그러한 비판과 부정의 힘이 오늘날의 나를 있게 한 것도 사실일 것이다. 어떤 적대자의 비판과 부정은 나에게 터무니없는 중상모략인 경우도 있겠지만, 대부분의 경우에 그와 같은 비판들은 자신이 보지 못한 잘못과 한계를 날카롭게 파고드는 경우가 많다. 그렇기 때문에 우리는 바로 이와 같은 적대자들의 비판과 부정을 통하여 자기를 반성하고 새롭게 시작할 수 있는 계기를 갖게 되는 것이다. 가장 훌륭한 적대자를 가진 사람은 행복한 사람이다. 나에 대한 혹독한 비판과 부정은 나에 대한 절대적 관심에 근거하기 때문이다.

우리에게 아직 남은 시간이 있다면, 그리고 자신의 삶을 보다 풍요롭게 할 약간의 여유가 있다면, 무엇보다도 먼저 나의 가족들과 이웃들, 그리고 약간의 용기가 필요하겠지

만 나를 비판하고 부정했던 사람들에게 감사하는 마음을 표해야 할 것이다. (1992.12.30)

나는 누구인가?

수능시험이 끝나고 나면 우리는 흔히 넋을 잃고 방황하는 아이들과 마주치게 된다.

부모들도 지금까지 고생한 것을 생각해서 내버려두는 것이 보통이다. 그러나 사실 알고 보면 이때처럼 중요한 시기가 없다. 고등학교를 졸업하고 대학에 가는 것이 도대체 어떤 의미가 있는가, 나는 누구인가, 그리고 나는 무엇이 되려고 하는가에 대해서 철저하게 물어야 할 가장 중요한 시기인 것이다.

희망의 철학자 에른스트 블로흐는 『희망의 원리』(*Das Prinzip Hoffnung*)라는 그의 주저에서 "나는 누구인가? 나는 어디에서 왔는가? 우리는 어디로 가고 있는가?"라는 물음을 던졌다.

그보다 약 두 세기를 앞서 살았던 철학자 임마누엘 칸트 역시 "나는 무엇을 알 수 있는가? 나는 무엇을 해야 하는가? 나는 무엇을 희망해도 좋은가?"를 물었다. 이 두 철학자는 바로 나와 우리의 정체성에 대해서 물었던 것이다.

그래서 칸트는 앞에서 던진 세 가지 물음은 곧 "인간이란 무엇인가?"라는 하나의 물음으로 귀결된다고 하였다.

우리는 나 자신에 대해서 한번쯤 생각해볼 필요가 있다. 야망을 품고서 살아가는 젊은이들은 보다 심각하게 생각해보아야 한다. 소크라테스나 석가모니 부처님이나 예수 그리스도와 같은 성인들은 이구동성으로 '나'에 대해서 물었다. 자기 자신을 분명하게 알고서 참된 자신의 모습을 찾아 나설 것을 요구하고 있는 것이다.

인류는 지금까지 인간의 본질을 규명하기 위하여 고심해 왔다. 그러나 그것은 기계나 공산품처럼 이미 완성된 것이 아니기 때문에 단정적으로 말할 수 없다.

그래서 니체(Nietzsche)는 인간을 미완의 존재라고 규정하였다. 겔렌(Gehlen)과 같은 철학적 인간학자들이 말하는 것처럼 인간은 확실히 불완전한 결핍존재이지만, 바로 그 인간은 동시에 무한한 가능성을 추구하는 개방존재이다.

그 때문에 인류는 운명에 굴하지 않고 자신의 고유한 삶을 향유할 수 있었다. 나 자신에 대해서 아는 것, 그것은 바로 인간의 가능성과 한계를 바로 인지하는 것이고, 우주 속에 있는 나의 존재의미를 확인하는 것이다.

우리 아이들은 그 동안 기성세대의 가치관에 굴절된 야망이 주입되어 정서적으로 혹사당해 왔다. 그들은 물론 신체적, 생리학적으로는 이미 성인이다. 그리고 이제 곧 대학에 진학하게 되면 사회적으로도 성인이 된다. 그러나 이들은 현재 정서적으로 매우 불안정한 상태에 있으며, 출세지향적 엘리트의식에 젖어있거나 유사한 목표를 달성하기 위하여 수단과 방법을 가리지 않는 전투적이고도 이기적인 생각에 사로잡혀 있다. 우리 아이들이 그 동안 밤잠을 설치면서 공부할 수밖에 없게 만들었던 그 목적은 도대체 무엇이었던가? 그것은 결코 굴절된 표상이어서는 안 될 것이다.

모든 인간은 매우 소중한 존재이다.

우리는 하느님의 분신이고, 살아있는 부처님이고, 살아있는 예수이며, 우주적 차원에서 창조된 인격적 존재이다.

한 송이의 국화꽃을 피우기 위하여 천둥과 비바람이 일고 밤새도록 소쩍새가 울었던 것처럼, 나의 우주적 탄생을 위하여 태초의 빅뱅이 있었고 '온생명'(장회익)의 연기적 흐름이 있었던 것이다.

내가 이처럼 소중한 존재라는 사실을 바로 깨닫게 될 경우에 우리는 비로소 자신의 참된 존재를 찾게 되고 새로운 존재의미를 실현하기 위하여 노력하게 된다. 그리고 바로 이 경우에만 나는 도덕적인 인간, 즉 실존적 존재로서 내가 하고 싶은 일을 의미 있게 할 수 있는 것이다.

칸트에 의하면 우리 각자는 인격적 존재이다. 따라서 우리 각자는 결코 수단이 아닌 목적으로서 존중되어야 한다. 인간은 바로 '창조의 궁극목적'이기 때문이다.

『하느님과의 대화』로 유명한 베스트셀러 작가 닐 도날

드 월쉬는 "인생의 목적은 너 자신을 아는 데 있으며, 너 자신을 창조하는 데 있으며, 네가 참으로 누구인지를 스스로 경험하는 데 있다"고 말했다. (2000.11.16)

다시 오시는 분

우리는 '다시 오시는 분'을 맞아들이기 위하여 지금 촛불을 켜들고 문밖을 서성이고 있다. 이는 모든 사람들의 공통된 바램이다. 인간의 죄를 용서하기 위해서 오셨던 그 분은 인간의 손에 의하여 처참한 최후를 맞이하셨다. 그리고 그 분은 이제 또 다시 인간을 껴안기 위하여 우리에게 다시 오시고 있다. 그런 분을 모시기 위하여 기다리는 마음, 그것이 바로 12월의 마음이다.

현시대의 최고 석학으로 우리에게 잘 알려진 한스 큉 신부는 예수 그리스도가 오늘날 우리가 생각한 것과 같은 기독교인이었을까라는 다소 엉뚱한 질문을 내던졌다. 바티칸 광장에서 설교하시는 예수의 모습이 상상되는가? 아닐 것이다. 우리의 삶의 방식과 신앙은 그 분의 가르침에 합당한 것인가? 과거에 우리가 그 분을 십자가에 매달았던 것처럼 다시 오시는 그 분을 또 다시 그렇게 내몰지는 않을 것인가? 한스 큉은 이런 질문에 그다지 자신감을 가질 수 없었다.

기독교 정신을 바탕으로 성립된 유럽문명의 역사를 가장 혹독하게 비판한 철학자는 아마도 프리드리히 니체일 것이다. 그는 망치를 들고 모든 것을 깨뜨렸던 파괴와 허무주의의 철학자로 잘 알려져 있다. 그의 철학정신은 "신은 죽었다!"라는 말 속에 가장 잘 드러나 있다. 그러나 니체가 비판하는 것은 예수가 아니라 서구의 기독교 문명이다. 니체에 의하면 그리스도인은 예수가 그들에게 명한 것을 한 번도 실천하지 않았다. 교회는 예수의 명령을 포기해버렸다. 더 나아가서 교회는 예수가 철저하게 반대하였고 사도들에게 대항하여 싸우라고 가르쳤던 바로 그런 것들을 추구하고 있다. 따라서 그분이 다시 오실 경우에 우리는 그분을 다시 살해할지도 모른다.

무오류성을 주장하는 교회가 역사적으로 범한 오류와 잘못을 시인하기는 매우 어려운 일이다. 기독교는 로마의 국가종교가 된 이후부터 동서교회의 분열과 십자군 전쟁, 신구교 갈등을 비롯한 투쟁과 반목의 중심에 서 있었으며, 6백만명에 달하는 유대인 학살을 묵인하기조차 하였다. 이 모든 사실들에 대하여 교황 요한 바오로 2세는 잘못을 시인하면서 화해와 용서를 구하였다. 다시 오시는 분을 우리가 다시 죽이지 않기 위해서는 우리의 마음과 성정을 새롭게 하지 않으면 안 된다.

최근 김수환 추기경은 정치인들이 더 나라를 어렵게 한다고 말하였다. 지난 1년 동안의 정치 행적은 이전투구와 책략의 연속이었으며, 국민통합의 정치에 대한 약속은 실종된 지 오래이다. 지난 대선과정에서 국민통합 21 정몽준 후보의 특보를 맡았던 이철 전 의원이 터뜨렸던 발언은 가히 배신과 책략의 결정판이다. 한나라당 서청원 전 대표가 정후보에게 노무현 지지철회를 할 경우에 내각의 절반을 할애하겠다는 조건을 제시하였고, 결국 그 때문에 정후보가 노무현을 배신했다는 것이다. 이철의원의 발언에서 우리는 절대 모순을 발견할 수 있다. 그런 조건들은 노무현과 정몽준 사이의 후보단일화 과정에서 이미 국민들 앞에 공표된 것이 아닌가? 우리가 알기에 정몽준 후보는 스스로 손익계산을 할 수 있고 정당성을 분별할 수 있는 사려 깊은 정치인이다. 그런 그가 이미 제시된 조건을 내던지고 모험할 필요는 없었을 것이다.

정몽준 후보의 지지철회 사건, 민주당의 분당 사태는 정치인 노무현의 인간적 성실성을 다시 생각해 보게 한다. 부안 사태 역시 그가 지향한다는 참여정치와 모순적이다. 그는 스스로 권위를 포기하고 법을 어기면서 발생한 혼란을 언론과 국회의 탓으로 전가하고 있다. 그것도 모자라서 이제 그는 길거리로 뛰쳐나가 '그들만의 잔치'를 열고, 선동적인 메시지로 '그들의 열광'을 부추기고 있다. 국민들은 안중에도 없다.

우리는 지금 '히틀러 유겐트'들의 준동을 요구할 정도로 어려운 상황에 서 있지 않다. 그는 국민들이 진심으로

행하기를 원하는 것을 포기하여 버렸다. 예수가 명한 것을 교회가 거부한 것처럼! 노대통령은 위대한 조국의 도약을 말하기 전에 자신의 잘못부터 진심으로 고백하고 통회할 것을 촉구한다. (2003.12.30)

자살이 말하는 것

이 세상에서 가장 어려운 일은 자신의 생명을 스스로 끊는 것이다. 최근 우리 사회의 지도층 인사들이 잇달아 자살함으로써 큰 충격을 안겨주고 있다. 정몽헌 전 현대그룹회장, 안상영 전 부산시장, 남상국 전 대우건설 사장, 김인곤 전 광주대 이사장, 그리고 며칠 전에는 박태영 전남지사가 한강에 투신하여 스스로 생명을 끊었다. 우리 사회는 이제 자살 신드롬에 빠지게 된 것이다.

생명은 신성한 것이다. 생명은 유일회적인 것으로서 고래로부터 일차적인 보호의 대상이 되어 왔다. 생명은 신으로부터 주어진 것이며, 특히 플라톤은 인간의 삶 그 자체에 형벌적 의미를 부여하였다. 천상의 세계에서 자유롭게 살던 우리의 영혼은 자신의 죄로 말미암아 육체 속에 갇혀 지내게 되었으며, 우리의 현세적인 삶은 신이 우리에게 부과한 형벌이다. 그리하여 고대 히브리 및 그리스 사회에서는 자살을 신에 대한 도전으로 규정하였던 것이다.

이와 반대로 공적 의무와 명예를 중시한 고대 로마 사

회는 자살에 대하여 비교적 관대한 편이었다. 덕의 수행과 실천을 중시한 스토아 사상은 비록 황제에게 반역한 중죄인일지라도 그가 자살할 경우에는 그 재산과 가족을 보호해주는 관대함을 자랑으로 여겼다. 그러나 국가재산에 속한 노예들에게까지 자살이 번지게 되면서 그러한 태도는 경직되기에 이른다.

우리 사회 역시 지금처럼 자살이 크게 문제된 적은 없었다. 사람들은 왜 자살 충동에서 헤어나지 못하는가? 프랑스의 유대인 사회학자 에밀 뒤르껭은 그의 유명한 『자살론』(1897)에서 근대사회에서 이루어진 급속한 규범의 해체가 자살 증가의 가장 중요한 원인이라고 주장한 바 있다. 그렇다면 우리 사회의 규범적 틀은 든든한 편인가?

우리 사회는 도덕적 규범과 법적 정당성의 위기에 직면하고 있다. 참여정부가 최대 치적 중의 하나로 평가하고 있는 검찰개혁 역시 이로부터 자유롭지 않다. 우리는 최근 발생한 일련의 자살사건들이 검찰과 직간접적으로 관련이 있는 것에 주목해야 한다. 이는 검찰의 수사관행의 문제가 아니라 검찰 권력의 정당성 여부에 관한 문제이다. 노대통령은 취임 직후 검찰총장의 임기를 존중하겠다는 자신의 약속을 끝까지 지켜내지 못했다. 오히려 그는 평검사와의 대화에서 검찰 수뇌부에 대한 불신을 기습적으로 공표함으로써 검찰 조직의 법적, 제도적 정당성을 유린하는 동시에, 여느 정권에서와 마찬가지로 자신의 의중에 맞는 사람들로 수뇌부를 새로 구성하였다. 정치적 외풍으로부터 자유로운 검찰 스스로의 자율적 시스템이 구축되지 않는 한 검찰 권력에 대한 불신은 사라지지 않을 것이다.

그럼에도 불구하고 현재 검찰이 진행하고 있는 거물급 정치인들에 대한 수사의지 속에서 우리는 어떤 메시지를 읽을 수 있다. 그 메시지는 헌법재판소를 향하고 있는 것처럼 보인다. 검찰은 노대통령의 측근비리에 대한 내사자료 제출에 대한 헌법재판소의 요구를 법적 규정을 들어 거부하였다. 그러면서도 김종필, 이인제, 박근혜 등 거물급 정치인들에 대한 수사의지를 강력하게 천명하고 있다. 이것을 무엇을 뜻하는가? 노대통령의 불법 정치자금이 한나라당의 10%에 지나지 않는다고 해도, 그것은 김종필, 이인제, 박근혜의 10배, 50배, 100배에 해당된다는 사실을 말하고 있는 것이다.

자살자들이 말하고자 하는 것 역시 비슷한 것 같다. 김대중 정부가 민족의 미래를 위하여 국민들을 속이면서까지 수행하였던 햇볕정책, 이른바 '더러운 손'(dirty hands)에 의하여 희생된 정몽헌 회장, 그리고 뇌물성 인사청탁이나 소규모의 비자금에 연루된 사람들이 자신들에 대한 사회적 중압감을 견디지 못하여 스스로 목숨을 내던졌다면, 이 나라의 지축을 뒤흔들고서도 태연자약한 정치인들에게 남긴 그들의 유지는 너무나 분명하지 않겠는가? 국가 권력에 대한 불신을 해소하는 것, 법적 정의를 균형 있게 실현하는 것, 그리고 사회적 관심과 온정을 바탕으로 일탈적 사고를 바로잡는 것이야말로 우리 사회를 건강하게 지키는 일일 것이다. (2004.09.13)

누가 자살에 이르게 하는가?

톱스타이자 인기 탤런트였던 이은주 양의 자살사건은 우리 사회에 큰 충격을 안겨 주었다. 스스로 자신의 생명을 끊는다는 것은 매우 어려운 일이다. 그런데 그 가장 어려운 결정을 스스로 내릴 수밖에 없도록 강박한 것은 도대체 무엇이었을까? 재물, 명예, 욕망, 불행, 실패, 고민, 갈등, 애증, 번민, 분노, 사회구조, 대통령, 북한, 일본 등등 열거할 수 없을 정도로 많을 것이다.

대부분의 종교에서는 자살을 삶의 가장 나쁜 선택이라고 규정하고 있다. 심지어 그것을 악 그 자체라고 단정하여 죽은 이후에도 구원을 받을 수 없다고 가르쳐 온 경우도 있다. 그래서 사람들은 자살한 곳에 가면 섬뜩한 느낌을 갖게 되는 것이다. 조문을 하면서도 자살자가 천국에 갈 수 있을까 의심하는 사람들도 있다. 생명은 오직 신으로부터 주어진 것이며, 인간이 스스로 자신의 생명을 끊는 것은 죄악이라고 생각하기 때문이다.

그와 반대로 자살이 천국에 이르는 최선의 선택이라고

가르치는 종교들도 있다. 사이비 종교들이 대개 그렇다. 그러나 '사이비'나 '유사'라는 기준은 기존 종교의 가치관에 의존하기 때문에 무시해도 좋다. 미확인비행물체의 추종자들 중에는 그것을 신적 존재라고 믿는 사람들이 있다. 그래서 혜성이 지구를 가장 가깝게 지나가는 시점을 계산해서 동반 자살하는 경우까지 발생하였다.

종교적인 이유에서 자살하려는 사람들을 예방하기 위한 마땅한 방법은 없다. 종교적 진리는 세상의 어떤 진리보다도 강제력이 크기 때문이다. 이 경우에는 그것을 대체할 수 있는 다른 종교를 믿도록 하는 것이 좋겠지만, 그것을 위하여 자신의 목숨을 바쳐도 좋다고 생각하는 궁극적인 관심을 바꾸는 것은 매우 어려운 일이다.

우리가 주변에서 마주치게 되는 가장 일반적인 형태의 자살은 우울증에 의한 것이다. 지금까지 우리는 우울증에 대하여 그렇게 심각하게 생각하지 않았다. 그러나 우울증에 시달려서 자살을 택하는 사람들이 갈수록 늘고 있다. 더 중요한 것은 우리들 대부분이 우울증 증세를 가지고 있다는 것이다. 성적 불량자, 입시 탈락자, 실업자, 가정폭력 희생자, 이혼녀 등과 같이 세상의 주요한 가치들을 몰수당한 경우만 해당되는 것은 아니다.

겉으로 보기에 부족할 것이 전혀 없는 사람들도 우울증에 시달리는 경우가 많다. 유명 정치인, 법조인, 대기업 회장, 인기 탤런트 등처럼 이른바 세속적인 기준에서 볼 때

성공한 사람들 역시 자기만의 문제에 시달리다가 자살하는 경우가 있다. 이들은 하나의 가치를 내던지더라도 그것을 상쇄할 수 있는 다른 가치를 추구할 수 있는 능력이 있음에도 불구하고 비밀을 유지하려는 스트레스를 이기지 못하다가 불행한 선택을 하여 주변을 안타깝게 한다.

자살을 결심하는 사람들 중에는 우리들보다 훨씬 더 순수하고 도덕적이고 유능한 사람인 경우가 많다. 우리들의 삶이 오히려 비정상적인 경우가 많다는 것이다. 우리가 이성적이고 합리적이라고 생각하는 것은 대개 자신들의 이익과 관련되어 있다. 자기 이익을 지키기 위해서는 수단과 방법을 가리지 않는 것이 우리의 모습이다. 더럽고 추악한 세상살이에서 적자생존의 진리를 몸소 실천하는 것이 우리 자신들이다. 그와 같은 우리의 생존 방식이 다른 사람들로 하여금 스스로 죽게 만드는 것이다.

우리는 자살자를 동정하거나 경계하기에 앞서 그들에게서 많은 것을 배워야 한다. 우리 자신과 우리 사회의 일탈된 가치들이 그들을 희생 제물로 삼았다는 사실을 알아야 한다. 우리가 최상의 것으로 추구하는 잘못된 가치들이 바로 그들을 우울하게 만들었기 때문이다. 그리고 언젠가는 우리 자신도 그런 선택을 할 수밖에 없을지도 모른다.

따라서 우리는 자살 문제에 좀 더 적극적으로 대처할 필요가 있다. 대부분의 우울증은 주변의 관심만으로도 개선할 수 있다. 의논할 수 있는 아무런 상대도 찾지 못하고 절대적인 고독에 빠져 있는 사람들에게 따뜻한 말 한마디는 가장 효과적인 치료제가 될 수 있다. 우리 모두 정겨운 대화를 통하여 고통 받는 사람들이 스스로 삶의 의미를 찾도록 하는 로고테라피(의미치료)에 관심을 가져야겠다. (2005.02.28)

바이블 코드

2001년 9월 11일 오전 8시 48분에 발생한 세계무역센터 테러사건은 5761년(히브리력은 서력기원보다 3760년 먼저 시작된다) 전에 이미 성서 속에 암호화 되어 있었으며, 2006년에 닥칠 '최후의 날', 즉 세계 핵전쟁에 대한 카운트다운이었다.

이와 같은 사실은 어떤 예언가나 또는 광신적인 묵시론자의 주장이 아니다. 세계적인 명성을 자랑하는 『워싱턴 포스트』와 『월스트리트 저널』의 기자로 활동해왔던 마이클 드로스닌(Michael Drosnin)이 지난해에 출판한 『바이블 코드 II』에서 주장한 내용인 것이다. 드로스닌은 비록 유대인이기는 하지만 종교인이 아니고 더더구나 예언가도 아니다. 실제로 일어난 사건을 있는 그대로 신속하게 알리는 것을 사명으로 알고 있는 기자일 뿐이다. 그래서 그의 주장은 쉽게 무시할 수가 없다.

1999년 여름에 세계의 종말이 올 것이라는 노스트라다무스의 예언은 실현되지 않았다. 인류는 아직 존재하고 있는 것이다. 그러나 노스트라다무스의 예언이 잘못된 것이 아니라 인류의 노력에 의하여 재앙이 잠시 연기되었을 뿐이라고 믿는 사람도 있다. 1997년에 드로스닌은 노스트라다무스보다 훨씬 더 실증적인 방식으로 세계의 종말을 예고하였으며, 그가 쓴 『바이블 코드』는 세계적인 베스트셀러가 되었다.

바이블 코드를 발견한 사람은 이스라엘의 수학자 엘리야후 립스 박사였다. 그는 1994년에 동료 교수 두 명과 함께 미국의 학술전문지 『통계과학』에 「창세기에서의 등거리 문자 배열」이라는 논문을 발표하였다. 우리가 읽고 있는 성서 텍스트 속에는 앞으로 일어날 주요 사건들이 암호로 기록되어 있다는 것이다.

구약성서는 히브리어로 작성되었다. 이 텍스트를 띄어쓰기 간격 없이 한 줄로 나열하면 총 30만 4,805자가 된다. 원하는 단어를 입력하면 컴퓨터 조합으로 행수가 재배열되면서 검색 내용이 나온다. 암호는 일정한 간격으로 가로, 세로, 또는 대각선의 형태로 나타난다. 예를 들면 1995년 11월 4일에 발생한 라빈 이스라엘 총리의 암살사건에 대하여 성서는 '이츠하크 라빈'과 '암살할 암살자'라는 단어를 같은 곳에 암호화 해 둔 것이다. 드로스닌 기자는 약 1년 전에 이 사실을 이스라엘 정부에 알렸으나 암살을 막지는 못하였다.

많은 학자들과 종교가들이 바이블 코드의 신빙성에 회

의를 품었다. SBS도 "그것이 알고 싶다"라는 프로그램에서 이 문제를 다루었고, 바이블 코드의 주장은 통계적 허구에 지나지 않는다고 결론 내렸다. 반드시 성서가 아니라 다른 책을 사용해도 비슷한 결과를 얻을 수 있다는 것이었다. 그러나 립스 교수와 드로스닌 기자는 이를 반박한다. 어떤 텍스트에서도 하나의 단어가 조합될 수는 있지만, 특정한 사건을 암시하는 의미있는 여러 단어들이 겹쳐서 나타나는 것은 성서뿐이라는 것이다.

드로스닌 기자는 바이블 코드를 처음 알게 되었던 1992년 6월에 '클린턴'이라는 검색어에 '대통령'이라는 단어가 겹쳐 있는 것을 보고 그의 당선을 예측했다고 한다. 6개월 후 클린턴은 대통령이 되었다. 클린턴이 백악관 성추문 사건으로 자신의 죄를 고백하였던 1998년 8월에 그가 다시 찾아보았을 때에는 '클린턴'이라는 단어 주변에 '숨겨진 비밀, 여종의 연인', '탄핵', '국가는 탄핵에 반대한다'라는 단어가 함께 있는 것을 발견할 수가 있었다. 클린턴은 탄핵의 위기에 몰렸지만 결국 탄핵되지는 않았던 것이다.

9.11테러사건을 지척에서 바라보면서 드로스닌 기자는 바이블 코드를 작동시켰다. '쌍둥이' 옆에는 '빌딩', '내려앉게 만드리라', '두 번', '비행기'라는 단어들이 잇달아 나타났다.

제1야당과 대통령 측근인사들의 불법 정치자금에 대한 수사로 정국이 극도로 혼미한 가운데 한반도의 주변 정세는 한치 앞도 예측할 수 없게 되었다. 노대통령이 언론에 대한 피해의식을 가지고 있다는 사실은 잘 알고 있지만, 그래도 드로스닌 기자에게 자신과 대한민국의 운명에 대하여 한번 물어보는 것이 어떨지, 그런 생각을 해 본다. (2003.12.14)

새것이란 무엇인가

새것이란 무엇인가? 역사는 쉽게 단절되지 않고 그 엄청난 파국 속에서도 언제나 다시 밝아 온다. 창세기 22장의 말씀은 우리들의 신앙에 새로운 차원을 열어 줄 뿐만 아니라 하느님의 약속이 어떻게 전개되는가를 새롭게 보여준다. '새것'(Novum)이란 말은 프란시스 베이컨이 『새로운 기관』(*Novum Organon*)이라는 용어를 사용하면서부터 대단히 중요한 철학적 개념으로 되었다. 베이컨은 자연과 인간의 세계를 바르게 인식하고 해석할 수 있는 새로운 사고의 틀을 창출하려고 했다. 여기에서 사용된 '새것'이라는 개념은 지금까지의 거짓된 생각의 틀에서 벗어나서 바르고 참된 인식으로 이끌어 주는 새로운 방법론을 의미하고 있다.

새것이란 지금까지 있었던 것을 다시 "새로 만든다"는 의미뿐만 아니라 "지금까지 잘못 사용되어 왔거나 잘못 알아 왔던 것을 고치고 다듬는다"는 의미까지를 담고 있는 말이다. 새것을 향한 철학적 열망은 이제 다시 모든 사회적 현상으로 확대되어서 새로운 세계 또는 보다 이상적인 사회를 찾아보려는 노력으로 나타났다. 토마스 모어의 『유토피아』, 캄파넬라의 『태양의 나라』, 베이컨의 『새로운 아트란티스』는 새로운 세계에의 열망을 표현해 준다. 콜럼버스의 항해나 프랑스 대혁명, 그리고 마르크스주의의 근본적인 원동력은 바로 새것을 찾으려는 인간의 의지를 대변한다.

예수 그리스도 안에서 새로운 사람으로 변화되었던 사도 바울은 "그런즉 누구든지 그리스도 안에 있으면 새로운 피조물이라 이전 것은 지나갔으니 보라 새것이 되었도다"라고 말했다(고후 5: 17). '새 사람'이란 '새로 난다'(요한 3: 3)는 말과 깊은 관계가 있다. 그리스도를 믿고 그 안에서 새롭게 살아가는 것은 새 생활을 뜻한다. 새로운 생활을 시작하고 자신이 새것이 되려면 반드시 새 힘을 얻어야 한다. 새 힘은 하느님의 영으로부터 오게 된다. 우리가 하느님을 믿게 되면 그는 우리의 삶에 복을 가득 채워 줄 뿐만 아니라 독수리 같은 젊음을 되찾아 준다(시편 103: 5). 그리하여 선지자 이사야는 이렇게 말한다. "야훼를 믿고 바라는 사람은 새 힘이 솟아나리라. 날개 쳐 솟아오르는 독수리처럼 아무리 뛰어도 고단하지 아니하고 아무리 걸어도 지치지 아니하리라"(이사야 40: 31). 새 힘은 여기에서 독수리로 묘사되고 있다. 그것은 바로 성령으로부터 오는 신비한 힘을 말한다.

새 힘은 항상 사물을 새롭게 변화시킨다. 새것을 통하여 우리에게 나타나게 되는 낯선 힘은 우리로 하여금 한 번도 가보지 않은 전적으로 새롭고 두렵기조차 한 길을 향하여 출발하게 한다. 새 힘은 갈대아 우르에서 아브람을 불렀으며 고기 잡던 예수의 제자들을 불렀고 다메섹으로 가는 길에서 사울을 불러내었다. 그리고 그들로 하여금 전혀 새로운 길을 가게 하였고 새로운 일을 하게 했다. 선지자 이사야는 새로운 일에 대해서 다음과 같이 강조하고 있다. "이제 내가 새로운 일을 너희에게 들려준다. 이것은 너희가 알지 못하던 비밀이다. 지금 비로소 되는 일, 일찍이 없었던 일이다"(이사야 48: 6). 하느님께서 계획하시는 '새 일'이란 성서의 가장 큰 주제를 이루고 있는 것이다. 창세기의 사건 속에서 찾아볼 수 있는 가장 큰 진리는 "신의 약속은 파기될 수 없다"는 것과 "역사는 결코 단절되지 않는다"는 사실이다.

창세기 22장에서 보듯이 아브라함은 인간적인 고뇌와 번민 속에서 하느님의 냉혹한 명령을 지키기 위하여 모리아 산을 오르기 시작한다. 그 아들 이삭은 모리아 산기슭에서 무거운 나뭇짐을 메고 뒤따르고 있다. 일꾼들은 목적지에 도착하자 나귀와 함께 산기슭에 머무르게 했기 때문에 아브라함의 의도를 막을 사람은 아무도 없었다. 아버지 아브라함은 불과 칼을 들었다. 그 순간 엄청난 긴장감이 모리아 산을 감돌게 된다. 아버지는 사랑하는 자식을 도끼로 내리 찍어야 한다. 그 같은 비도덕적 행위를 명령한 하느님으로 말미암은 도덕적 긴박감과 위기의식이 모리아 산을 감돌고 있다. 아담으로부터 예수 탄생에 이어지는 하느님의 약속과 구속사의 전 과정은 이 한 순간에 부질없이 무너지게 될 것이다. 만일 아브라함이 이삭을 죽이지 않으면 그는 하느님의 말씀에 불순종하게 된다. 그러나 그 반대로 아브라함이 이삭을 죽이게 되면 그는 개인적으로 자식을 살해한 비도덕적 인간이 되는 동시에, 구속사적으로 예수의 탄생을 저해함으로써 악의 세력으로 전락하게 되는 이율배반에 빠지게 된다. 예수의 족보가 단절될 위기 앞에서 모리아 산이 떨고 있는 것이다. 하느님의 약속이 파기되고 역사가 단절될 위기상황이 모리아 산 위에서 벌어지고 있다.

이렇게 할 수도 없고 저렇게 할 수도 없는 상황에서 "이것이냐 저것이냐"를 결정하지 못하고 고심하고 있는 아브라함의 실존적 상황을 키에르케고르는 '공포와 전율', '두려움과 떨림'이라는 한마디로 표현하고 있다. 아브라함이 자신의 외아들보다 하느님의 명령을 택하고 칼을 쳐들었을 때, 바로 그곳에서 아브라함은 하느님의 약속이 실현되는 것을 보았다. 창세기 22장이 주는 교훈은 하느님의 약속은 파기될 수 없으며 구속의 역사는 결코 단절될 수 없다는 사실이다. 메시아도 구원할 수 없다는 이른바 게오르규의 25시적인 상황을 부정하면서 희망할 수 없는 상황에서도 희망을 버리지 않고 약속을 의심하지 않은 인간의 모습을 보여주고 있다. 잔인하고 냉혹한 현실, 역사의 단절 위기 속에서 살아가고 있는 고달픈 기다림의 고뇌 속에서도 하느님의 약속은 성취될 수 있다는 요청적 희망을 잃지 않아야 할 것이다.

우리는 아브라함과 이삭의 고통 속에서 예수의 십자가 고난을 볼 수 있으며 아버지가 자식을 죽이는 데 따른 인간적 고뇌를 하느님께서 직접 당하셨다는 사실을 확인할 수 있다. 이삭은 죽지 않았지만 예수는 죽었던 것이다. 아브라함은 자식을 죽이지 않아도 되었지만 하느님은 그 사랑하는 아들을 죽여야만 했다. 그러므로 역사단절의 위기를 살아가는 우리들은 역사 앞에서 두려움과 떨림으로 서야 할 것이다. 두려움과 떨림으로서 역사를 보지 않은 정치인들은 악의 세력일 수밖에 없다.

역사는 냉혹하다. 그러므로 새것은 낡은 것, 기존의 것으로부터 항상 압도당한 상태에서 고난과 핍박을 감내 하면서 그 존재를 지켜 왔다. 그러다가 새것은 어느 순간 섬광처럼 불을 토하고 이 세계를 변화시켜 왔다. 우리는 세계의 역사 속에서 자주 새것을 체험했다. 마르크스주의자들은 이러한 새것의 힘에 대하여 말하고 있다. 그것은 바로 역사의 변혁을 통하여 향유할 수 있는 평등한 유토피아와 모든 사람이 똑 같이 먹고 살 수 있는 생물학적 충동의 공동 향유를 가장 중요한 목표로 삼고 있다. 그들은 새것을 물질과 사회구조 속에서 열심히 찾았던 것이다.

에른스트 블로흐는 새것이라는 말을 가장 의미 있게 사용한 철학자였다. 새것은 인간에게 가장 큰 희망을 던져 줄 수 있는 가장 구체적인, 그리고 지상 천국적인 유토피아를 지향한다. 새것은 우리들이 항상 추구해 왔고 또한 끊임없이 찾아가는 열망의 보금자리인 것이다. 새것은 바로 우리들의 고향이다. 그러나 이러한 유토피아는 하느님이 없는 유토피아이고, 그렇기 때문에 새것은 항상 물질 속에서 찾아진다. 그러나 이 물질은 결코 새것이 아니다.

기독교에 있어서 새것의 힘은 물질적인 운동요소에서 찾을 수 없는 놀라움이 있다. 새 힘은 상식과 윤리와 법칙을 초월해서 나타난다. 애굽으로부터의 탈출과 부활은 이전의 것을 박차고 옛것을 모두 잊어버리고 다시 완전히 새롭게 출발하는 것을 의미한다. 이전의 것을 고치거나 다듬는 데 그치지 않고 아브라함이 그의 옛 고향을 떠나는 것처럼 이전의 것을 모두 다 내버리고 새것으로부터 힘을 얻어서 새로운 길을 찾아 나서는 것이 바로 기독교적인 새것의 개념이다. 몰트만은 이것을 '무로부터 오는 새것'이라고 말한다.

만일 우리가 새 힘을 계속해서 얻을 수 있고 역사단절의 위기 앞에서 두렵고 떨리는 마음으로 결단할 수 있다면 우리와 우리의 조국은 언제나 새로워질 수 있을 것이다. 하느님의 역사는 단절의 위기를 맞으면서도 그 약속이 철저하게 이행되는 사실을 우리에게 보여주고 있다. 우리에게는 언제나 어두운 역사가 지배적이었다. 그러나 흑암은 언제나 여명을 불러오게 마련이다. 또한 반대로 새로운 역사의 여명이 있기 위해서는 반드시 어두운 밤의 현실이 있었다. 아벨의 죽음과 아브라함이 당한 실존적 고통, 그리고 애굽에서의 집단적 압제와 바벨론의 유폐적 포로상태는 예수의 십자가 사건으로 귀착된다. 우리에게도, 우리의 현대사 속에서도 이와 같은 짙은 밤의 역사, 압제와 포학의 역사가 있었다. 그러나 우리가 비록 공포와 전율에 처해 있다 할지라도, 자신에게 가장 소중한 것을 죽이려는 결심만 할 수 있다면 새로운 역사는 밝아 올 것이다. 하느님은 가장 소중한 아들을 죽여서 모든 사람을 구속했다. 우리가 우리의 소중한 것을 포기하게 될 경우에 우리는 새로운 시대를 열어 갈 수 있을 것이다. 새것은 새 힘으로부터 찾아질 수 있다. 새 힘은 새로운 시대와 새로운 역사를 열어 갈 수 있는 하느님의 정신이다. 우리의 한반도에서 새것에의 힘을 얻어서 새로운 역사를 열어 갈 새로운 사람들이 나타나기를 바란다. 그리하여 우리의 한반도가 새 힘으로 가득 차게 되기를 기원한다. 한반도가 새것이 되고 우리의 조국이 다시 하나로 통일되고 새롭게 부활되기를 간절한 마음으로 기원해야 한다. 새힘으로 통일된 조국, 바로 그곳에 우리의 꿈과 소망이 있어야 한다.

(1984.08.15).

성탄절의 유래와 의미

오늘은 크리스마스 이브이다. 지구상의 거의 모든 교회들은 성탄절 행사를 준비하기 위하여 부산하게 움직이고 있다. 그러나 해를 거듭할수록 성탄절의 본래 의미는 퇴색하고 세속적인 기념행사로 치러지는 모습에 실망하는 사람들도 많다.

하느님의 아들이신 예수 그리스도의 탄생은 아직도 베일에 가려져 있다. 그리스도가 실제 역사적 인물인지, 역사적 인물이라면 언제 태어났는지, 동정녀 탄생은 가능한 것인지, 그렇다면 성서에서 그토록 세세하게 기록하고 있는 예수의 가계와 족보는 소용없게 되는 것은 아닌가 등등에 대한 물음에 빠져들게 한다.

그렇다면 성탄절, 즉 크리스마스는 언제 생겨났을까? 예수가 부활한 이후에 형성된 초대교회에서는 예수님의 탄생을 특별히 기념하지는 않았다. 그들은 주일마다 예수의 부활을 축하하는 것으로 만족하였다. 예수의 생일에 대한 자세한 정보가 알려지지 않았으며, 생일을 축하하는 전통도 아직 형성되지 않았다.

예수의 탄생시기에 대하여 많은 의견들이 있다. 어떤 이들은 예수가 탄생하던 날 밤에 목자들이 들판에 있었으므로 봄이 아니면 여름이라고 생각하여, 4월 19일이나 20일, 5월 20일 또는 25일 정도일 것이라고 추정하기도 한다. 알렉산드리아의 클레멘트(Clement)는 예수가 BC 3년 11월 17일에 탄생했다고 추정하였다. 533년에 로마의 액시그누스(500~544)는 계산 결과 그리스도의 탄생 시기는 기원전 4년이라고 주장하였다.

예수의 부활과 재림에 대한 신앙이 점차 수그러들기 시작하면서 예수의 탄생에 대한 축제의 필요성이 제기되었다. 3세기부터 일부 교회는 예수가 처음으로 자신을 메시아로 드러낸 사건을 기념하기 위하여 1월 6일을 '신현절'로 정하였다. 이날은 그리스도가 동방박사들의 예방을 받았던 일, 예수가 세례 받을 때 성령이 나타나셨던 일, 그리고 예수가 가나에서 처음으로 이적을 행한 일들을 한꺼번에 기념하는 축제로서 오늘날의 성탄절과 같은 것이었다. 이 전통에 따라서 아직도 1월 6일을 성탄절로 지키는 교회가 있다고 한다.

그렇다면 왜 교회는 그동안 기념해 온 1월 6일 대신에 12월 25일을 성탄절로 확정하게 되었을까? 가장 설득력 있는 이유 중의 하나는 그 당시 가장 영향력 있는 전통 축제가 12월 중순 경에 치러지고 있어서 이를 대체하기 위한 전략이었다는 것이다. 고대 로마인들은 연말(12월)에 추수의 신인 토성(Saturn)과 빛의 신인 미트라스(Mithras)를 기념하는 축제를 베풀었으며, 북유럽인들 역시 12월 중순에 추수감사제를 드렸다.

당시 로마인들은 12월 24일부터 1월 6일까지의 동지절을 가장 큰 축제로 기념하였다. 로마 황제 아우렐리안(270~275)은 가장 긴 밤을 극복하고 태양이 하늘 높이 떠오른다는 이 날을 '정복당하지 않는 태양의 탄생일'(natalis solis invicti)로 공표하였다. 따라서 고대 교회의 로마 주교가 이교도들에 대한 정복을 기념하기 위하여 동지를 그리스도의 탄생일로 채택했을 가능성이 크다는 것이다. 그것도 축제의 마지막 시점보다는 시작되는 날을 지정한 것이다.

326년에 로마 황제 콘스탄틴은 로마 달력에 12월 25일을 예수님의 탄생일이라고 처음으로 표기하였다. 350년에 교황 줄리어스(Julius)는 12월 25일을 성탄절로 공표하고 기념하게 하였다. 그러나 1월 6일의 신현절을 성탄절 행사로 계속 지키는 교회들이 많았다. 그래서 교황 리베리어스는 1월 6일을 신현절 혹은 세례절로 정하고, 12월 25일은 성탄절로 지킬 것을 교회에 공표하였다(353년경). 이때부터 교회는 공식적으로 12월 25일을 예수탄생일로 기념하기 시작하였다. 원래 '그리스도의 미사'(Cristes Maesse)를 뜻하는 크리스마스(Christmas) 행사는 이처럼 4세기경부터 생겨나기 시작하여 지금은 전 세계인의 가장 중요한 축제로 자리잡게 되었던 것이다.

성탄절은 이제 전 지구인의 축제가 되었다. 하느님께서 우리의 죄를 용서하시기 위하여 사람의 몸으로 태어나셨다는 이 날이 우리에게 진정한 의미를 갖기 위해서는 자신에게 잘못한 모든 이들을 진정으로 용서하고 화해하는 마음을 가질 수 있어야 한다. 그러나 우리의 현실은 그렇지 못하다. 하느님이 사람의 몸으로 오신 이 날을 기념하여 우리 자신들도 이웃과 따뜻하고 평화롭게 지낼 수 있도록 마음을 다잡아야 할 것이다. (2004.12.24)

용서하는 마음

1921년부터 가톨릭 교회는 성탄절(대축일) 다음 첫 주일을 예수, 마리아, 요셉의 성가정 축일로 기념하고 있다. 그래서 2004년을 보내는 마지막 주일미사의 메시지도 가정의 평화에 관한 내용을 담고 있다. 하느님을 섬기는 사람들은 어버이를 공경해야 하고, 따뜻한 동정심과 친절하고 겸손한 마음을 가져야 하며, 무엇보다도 온유한 마음으로 이웃을 도와주고 보살펴야 한다. 물론 이러한 정신은 다른 종교에서도 존중하고 있다.

앞에서 제시된 덕목들은 사람들이 사람답게 살아가는데 있어서 가장 기본적이면서도, 가장 지켜내기 어려운 것들이다. 자신의 이익과 관련되거나 자기가 좋게 여길 경우에는 수단과 방법을 가리지 않고 최선을 다하다가도, 거기에서 조금만 빗나가면 상대방에게 악행을 가하고 온갖 이유를 다 들어서 합리화하기 때문이다.

부모가 자식을 낳아서 길러주었기 때문에 자식들이 장성하여 늙고 나약한 부모를 보살피는 것은 자연의 순리임에 틀림이 없다. 그래서 성서는 설사 부모가 노망을 부리는 경우일지라도 자식들은 잘 참고 정성껏 모셔야 한다고 가르치고 있다. 그러나 요즘의 세태는 갈수록 험악하다. 늙고 병든 부모를 구타하는가 하면 굶어죽게 하는 일조차 벌어지고 있으며, 재산을 모두 양도한 후에 부모를 버리고 도망가는 참상조차 벌어지고 있다.

성서는 자식이 부모를 업신여기지 않고 끝까지 잘 모시면 죄를 용서받는다고 가르치고 있다. 이 말씀은 온갖 나쁜 짓을 하는 부랑아라고 할지라도 자신의 부모만큼은 잘 보살피라는 취지, 즉 최소윤리의 정신을 담고 있다. 부모에 대한 효도가 모든 윤리의 기초가 되기 때문이다. 이 점에서 기독교는 유교와 공통점을 갖는다.

예수의 가르침에서 가장 지키기 어려운 것은 바로 용서이다. 왼 뺨을 맞으면 오른 뺨을 내밀고, 자신보다 가난한 자를 만나면 입던 옷까지도 벗어주어야 한다. 심지어 우리가 주님에게 용서받기 위해서는 우리가 우리에게 잘못한 이를 먼저 용서해야 하는 것이다. 이 때문에 니체는 기독교의 윤리가 노예도덕이라고 말한다.

그러나 예수의 가르침은 굴종이나 비겁함을 권장하는 것이 아니다. 또한 우리가 우리의 이익을 지키기 위하여 치고받고 싸우다가 적당한 선에서 상대방에게 화해를 구하는 것과도 전혀 다르다. 그것은 자기 자신에 대한 모든 이해와 집착을 버리고서야 비로소 결단할 수 있는 경지이다. 그것은 희생의 문제이지 굴종의 문제가 아니었다.

예수는 십자가에 달려서 죽기 직전에, 자신을 못 박은 자들이 그 행한 죄가 무엇인지를 알지 못한다고 하면서, 그들을 용서하였다. 예수의 용서는 인간의 모든 죄를 사하는 데서 절정에 달한다. 그러므로 예수가 가르치는 용서의 원리는 니체가 말하는 것처럼 노예도덕에 속하는 것이 아니라 일탈된 존재 구조를 바로 잡고 상대방을 자신보다 먼저 배려하는 자비의 원리인 것이다.

이 원칙은 가정생활에도 그대로 적용되어야 한다. 남편들은 아내에게 순종할 것을 요구한다. 아내들은 남편에게 모질게 대하지 말고 사랑할 것을 요구한다. 부모들은 자식들에게 효도하고 순종할 것을 요구한다. 그리고 자식들은 부모에게 못살게 굴지 마시라고 항변한다. 이처럼 가족의 구성원 모두가 자신에게 필요한 주장만을 하게 된다면 그 가정의 평화는 깨어지고 말 것이다.

원만한 가정이 되기 위해서는 자신이 원하는 바를 요구하는 대신에 다른 식구들에게 필요한 부분들을 먼저 들어주는 자세가 필요하다. 남에게 요구하기보다는 배려하는 마음을 가져야 하는 것이다. 이것은 노력 없이 되는 일이 아니며, 부단한 훈련이 필요하다. 가장 결정적인 순간에 자신의 이익을 포기하고 상대방을 배려하는 것이 바로 선(善)을 행하는 것이며, 이를 반복적으로 실천하려는 의지적인 노력이 필요하다.

지난 한 해 동안 우리 사회의 발목을 잡고 있었던 가장 큰 요인은 바로 용서 정신의 부족에 있다. 용서하는 마음은 바로 하느님과 예수님의 마음인 동시에 부처님의 마음이기도 하다. 타자를 먼저 배려하는 용서와 관용의 정신만이 이전투구의 늪으로부터 우리 자신과 사회를 구원할 수 있다. (2004.12.27)

부활의 조건

지금 기독교인들에게 최대의 화두는 멜 깁슨이 감독한 영화 "패션 오브 크라이스트"일 것이다. 예수님의 수난을 주제로 한 이 영화는 채찍질을 비롯한 온갖 폭력의 현장들을 너무나 생생하게 재현시킴으로써, 기독교인들에게 엄청난 충격을 안겨 주었다. 영화는 예수님이 제자들을 데리고 겟세마네 언덕에서 기도를 드리는 장면으로부터 시작된다. 수난을 앞에 둔 예수님의 처지와 아무 생각 없이 졸고 있는 제자들의 처지는 철저하게 유리되어 있다. 예수님과 제자들은 같은 장소에 있지만 그들은 전혀 다른 실존적 차원에 있다.

예수님의 십자가 사건은 결코 우연히 이루어진 것이 아니다. 존 파이퍼는 예수님이 못 박힌 50가지 이유들 중에서 하느님께서 스스로 원하셨기 때문이라는 이유가 가장 으뜸이라고 말한다. 십자가 죽음은 인류를 구원하시기 위한 최선의 방책이었던 것이다. 그러나 예수님께서 이 일을 거부하시면 성립되지 않는다. 그래서 영화는 수난을 목전에 둔 예수님의 실존적 공포와 절망을 적나라하게 카메라에 담고 있다.

기독교인들은 예수님을 하느님의 아들이자 하느님 그 자신이라고 믿고 있다. 하느님은 인류의 죄를 없애시기 위하여 몸소 인간으로 태어나서 수난을 당하시고 죽임을 당하셨던 것이다. 예수님은 사람들이 지켜보는 가운데 숨을 거두셨고, 병사의 창끝에서 그 죽음이 확인되었다. 예수님의 완전한 죽음만이 인류의 죄를 구속할 수 있다.

십자가 사건의 배역은 당시 유대 사회의 지배계층이었던 제사장들, 헤롯왕과 빌라도 총독, 그리고 무분별한 군중들과 예수님의 제자들이다. 이들은 예수님의 수난 현장에서 직접적으로 주어진 역할을 수행하면서도 자신들이 무슨 일을 행하는지 알지 못한다. 제사장들은 예수님께서 죄가 없다는 것을 알면서도 죄를 덮어씌웠고, 빌라도 역시 그에게서 죄를 찾지 못했으면서도 그를 죽음으로 내몰았다. 군중들은 예수님 대신에 강도 바라바의 석방을 선택하였으며, 제자들 또한 혼비백산하여 예수님과의 관계를 부정하였다. 이 모든 사실들은 예수님의 수난을 극적으로 구성하는 요소들이다.

이 영화는 예수님이 12시간 동안 겪는 고통을 지루할 정도로 보여주는 반면에 수난의 의미가 담긴 메시지들은 상징적일 정도로만 짧게 처리하고 있다. 수난의 궁극적인 목표였던 부활에 대해서도 마지막 한 컷 정도로 담아낸다.

그렇기는 하지만 우리는 이 영화가 담아내려고 한 의도를 정확하게 파악할 수 있다. 지독하고 처절한 고통과 수난의 결과로서 주어지는 죽음은 부활의 전제 조건이다. 예수님이 죽음을 가장하고 있다가 살아난 것처럼 꾸몄다면 그것은 부활이 아니라 기만이요 속임수일 것이다. 예수님은 가장 비천한 인간의 모습으로 오셔서 당시 최고의 실형이었던 십자가에서 죽음을 당하셨다가 다시 살아나신 것이다.

그러나 유감스러운 것은 대부분의 관객들은 예수님의 수난을 자기식대로 해석한다는 점이다. 혹자는 노대통령의 탄핵을 수난으로 생각하기도 하는데, 이는 노대통령과 그의 측근들이 별로 잘못한 죄가 없다고 말하는 것과 연관된다.

정동영 의장은 부패세력과 지역주의에 기반을 둔 탄핵세력이 다시 커지고 있기 때문에 이를 저지할 목적으로 선대위원장직을 전격 사퇴한다고 발표하였다. 그러나 우리는 그가 노인 폄훼 발언 등으로 당 내부에서조차 퇴진을 강요받았다는 사실을 잘 알고 있다. 어차피 물러날 바에야 깨끗하게 자신의 실수와 잘못을 인정하는 것이 훨씬 더 인간적이었을 것이다.

노대통령의 탄핵은 그 자신의 흠과 경박함 때문에 빚어진 일이다. 국회는 분명 죄를 알고서 탄핵하였고, 헌법재판소는 죄를 확인 중에 있다. 탄핵을 반대하던 70%의 국민들이 다시 야당을 지지하기 시작했다면, 그런 국민들의 뜻도 겸허하게 수용해야 하는 것이 아닌가? 도를 넘는 편파방송과 지나칠 정도의 이분법적 사고가 지지자들을 돌아서게 하였다. 그런 국민들을 부패세력으로 규정하는 정 의장의 생각은 분명 잘못된 것이고, 그의 죽음 역시 위장된 것이다. (2004.04.13)

희망의 신비

인도의 시인 타고르는 신에게 바치는 103편의 송가(頌歌) 『기탄잘리』에서 인간의 삶이 신으로부터 왔으며, 그 분 안에서만 온전한 의미를 가질 수 있다고 노래하였다. 희망의 신비는 자기 자신 안에서 하느님을 발견하는 것으로부터 오는 것이다.

한 해가 지나가고 다시 한 해가 시작되지만, 이 세상에서 우리가 새것이라고 말할 수 있는 것은 결코 존재하지 않는다. 구약성서 「전도서」에서 말하는 것처럼 해 아래서 새로운 것이 없다면 우리는 결코 희망을 가질 수 없을 것이다.

그렇다! 아무리 노력을 해도 자신의 삶이 전혀 달라지지 않은 경우가 있다. 이 세상의 모든 고통이 나에게만 닥쳐오는 것 같고, 자신에게만 불행한 일이 생긴다고 믿는 사람들도 있을 것이다. 남에게 잘하려고 노력할수록 오해와 불신에 사로잡히게 되고, 초등학교 때부터 보물 한 번 찾지 못한 이들도 많다. 어쩌다가 산 주식들이 곤두박질치

다가도 팔고나면 미친 듯이 상한가까지 치솟아 올라 사람을 미치게 하는 경우도 있다. 또한 지금까지 복권 한 장 당첨되지 않은 재수 없는 사람들의 모습이 바로 우리들의 자화상이다.

새해부터 우울한 소식이 들려온다. 남아시아를 강타한 지진과 해일은 15만 명 이상의 사상자를 발생시킴으로써 세계 종말을 예고하는 듯하다. 보다 좋은 환경에서 교육시키기 위하여 처자를 미국에 보낸 한 기러기 아빠가 사업이 실패하면서 아내에게 배반당하고 재산까지 빼앗기는 일이 벌어지기도 하였다.

지난 해의 수출 실적이 사상 최고의 기록을 갱신하였어도 국민들에게 기쁨을 가져다주지 못하였으며, 이라크 파병 연장 동의안과 새해 예산안이 극적으로 타결되었어도 더 이상 국민들에게 감동을 주지 못하고 있다. 우리는 지금 불신과 절망의 시대를 살고 있는 것이다.

"그것이 당신이다"라는 말이 있다. 이 말은 범아일여(梵我一如)의 신비에 대한 인도인의 신앙을 단적으로 드러내준다. 이 세계를 주재하는 브라만 신이 곧 내 영혼의 주인인 아트만과 같은 존재라는 사실은 나의 삶을 전적으로 새롭게 하는 신비스러운 은총이다.

신의 나라 인도는 오랫동안 무슬림과 영국의 통치 아래서 신음해 왔으며, 지금도 그 여파에 시달리고 있다. 시인 타고르는 그런 인도인들에게 흑암과 천둥 속에 숨어 있다가 빛으로 찾아오시는 하느님의 모습을 그려내고 있다. 떠오르는 태양 속에서, 바람에 흔들리는 풀잎 속에서, 그 분은 우리를 찾아오시는 것이다. 내 자신이 바로 그 분이라는 이 지고의 사상은 내 마음의 등불을 스스로 켜게 하는 희망의 신비인 것이다.

새해부터는 다른 사람들에게 기대하지 말자! 그보다는 차라리 비천하고 무능하지만 나만이라도 바르게 살려고 노력해보자! 내가 바로 그 분이라는 사실을 소중하게 생각하자는 것이다. 물론 이렇게 한다고 무엇이 달라질 수 있을까 하고 의심할 수도 있다.

그러나 불교에서 말하는 연기(緣起)설이나 나비효과 이론은 나의 작은 행위가 이 세상을 바꾸는데 결정적인 역할을 할 수도 있다는 사실을 단적으로 보여준다. 미국의 MIT대학의 기상학자 에드워드 로렌츠 박사는 기상 문제와 관련된 계산에서 늘 무시해왔던 소수점 세 자리 이하 숫자들이 북경 하늘의 나비 날개 짓처럼 하찮은 것이었지만, 그 미세한 오차로 인하여 대서양의 태풍 진로가 변경될 수도 있다는 사실을 발견하였다.

이 세상일은 모두 연결되어 있다. 우리나라에서는 세 사람의 도움만 받으면 얽힌 일을 해결할 수 있다고 한다. 부처님이 우리에게 가르쳐 주신 진리는 나의 마음과 행동을 바르게 하라는 것이다. 그보다 먼저 힌두교에서는 내가 곧 그 분이라는 사실을 깨달으라는 것이다. 기독교에서는 자기 자신의 마음속에 그리스도를 모시고 살라고 가르친다. 이 모든 가르침들은 우리의 종교인 동학에서도 그대로 존중되고 있다. 내 마음속에 하느님을 모시고 살고, 마음속에 있는 하느님을 공경하여 기르고, 그렇게 함으로써 사람이 곧 하느님이 되는 것이다. 희망의 신비는 바로 내 안에 있다. (2005.01.03)

교황 요한 바오로 2세를 추모하며

2005년 4월 2일, 교황 요한 바오로 2세의 선종(善終) 소식은 전 세계인을 비탄에 잠기게 하였다.

지금으로부터 27년 전, 교황 요한 바오로 1세가 즉위한 지 33일 만에 급서하는 사건이 일어났다. 1978년 10월 16일에 열린 바티칸 비밀회의(콘클라베)에서는 폴란드 크라코우 교구의 카롤 보이티와 대주교를 새로운 교황(264대)으로 선출하였다.

그것은 이변이었다.

로마 가톨릭 역사상 456년 만에 이탈리아인이 아닌 사람이 교황직에 오른 것이다. 그는 533년 이후부터 교황이 되면 새로운 이름을 사용하였던 전통에 따라서 요한 바오로 2세로 정하였다. 보이티야 대주교가 바티칸에 입성할 수 있었던 것은 요한 23세 때 시작된 제2차 바티칸 공의회에서 그 탁월한 재능을 인정받았기 때문이다.

교황으로 선출된 후 교황직 수락 여부를 묻는 물음에 대하여 그는 "주님이신 그리스도의 신앙과 그리스도의 어머니와 교회에 대한 믿음으로" 받아들인다고 대답하였다. 그는 특히 성모 마리아에 대한 헌신을 중시하였으며, 인류에 대한 사랑을 강조하였다. 그의 인류애와 평화사상은 자신의 실존적인 고통 속에서 비롯된 것이어서 더 값지다고 할 수 있다.

1981년 5월13일 교황은 성 베드로 광장에서 터키 출신의 회교도에게 총격을 받게 되었다. 여섯 시간의 대수술을 받고서 4일이 지난 후에 의식을 회복했던 교황은 범인을 불러서 용서하는 관용을 베풀었다. 90년대부터 교황은 파킨슨씨병과 무릎 관절염을 앓기 시작하였으며, 골절, 결장, 담석, 악성결장종양, 맹장염 등 온갖 질병과의 싸움을 치러야 했다. 그의 삶 자체가 또 하나의 파스카 신비로서 우리에게 다가왔던 것이다.

요한 바오로 2세는 전 인류의 가슴 속에 평화의 사도로 기억될 것이다. 1979년에 폴란드를 방문하여 공산치하에서 자유노조를 이끌었던 바웬사를 지지하였으며, 1989년에는 고르바초프로 하여금 페레스트로이카 정책을 추진할 수 있도록 고무하였다. 동구 공산주의의 몰락에 실질적으로 기여한 것은 교황의 가장 위대한 업적에 속한다.

요한 바오로 2세는 다른 종교와의 평화적인 공존 모색에도 기여하였다. 1990년대 중반부터 종교 간의 대화 문제가 교회의 주요 이슈로 등장하였다. 교황은 1999년에 그리스 정교회 국가인 루마니아를 방문하였고, 2000년에는 이스라엘을 방문하여 유대인들을 위문하였다. 2001년에는 시리아의 이슬람 사원을 교황으로서는 처음으로 방문하였다. 더 나아가서 그는 세계의 종교지도자들을 로마로 초청한 최초의 교황이 되었다.

그는 기독교 교회의 통합을 위해서도 큰 관심을 가졌다. 교황은 400년 전 가톨릭이 개신교를 탄압한 역사적 과오를 공개적으로 사과하였고, 북유럽 개신교 국가들과의 관계를 회복하기 위하여 노력하였으며, 해방신학의 발상지인 중남미도 방문하였다. 심지어 히틀러의 유대인 학살에 소극적으로 대응하여 결과적으로 학살을 방조한 점에 대해서도 반성하였다.

이처럼 교회밖에 대해서는 관용적이고 반성적인 태도를 취함으로써 가톨릭교회의 개혁을 주도하였던 그 역시 교리문제에 대해서만큼은 보수주의의 한계를 극복하지 못하였다. 1979년에 예수 그리스도에 대한 저술로 유명한 도미니코회 신학자 쉴레벡스에 대한 심문 사건, 그리고 교황의 무오류성에 대하여 비판적 입장을 취했던 튀빙겐 신학자 한스 큉에 대한 교수직 박탈 사건이 일어났다. 이는 교황제의 개혁을 지지했던 존 퀸이나 폴 콜린스를 압박했던 것과 맥락을 같이 한다.

교황은 1988년에 「그분의 사도들」이라는 교서를 통하여 국가 주교회의의 권위를 제한하는 조처를 취함으로써 교회권력의 분권화를 지향한 제2차 바티칸공의회의 정신에 역행한다는 비판을 받았다. 같은 해에 발표된 「신앙의 옹호」는 교회법의 반대 세력에 대한 처벌 규정을 담고 있으며, 한스 큉과 같은 신학자들이 교황을 비판하는 직접적인 계기가 되었다.

요한 바오로 2세는 교회에서 여성의 지위문제, 제3세계의 경제정의, 그리고 생명윤리 등의 영역에서 제기되는 개혁 요구들은 새로 선출될 교황이 풀어나가도록 숙제로 남겨두고 세상을 떠났다. 우리는 하느님의 크신 은총과 평화가 그와 함께 하실 것을 믿는다. (2005.04.26)

교황 베네딕토 16세

2005년 4월 24일, 베네딕토 16세가 세계 가톨릭 인구 11억을 대표하는 제265대 교황으로 등극하였다.

독일의 쾰러 대통령과 슈뢰더 총리를 비롯한 35만 명의 축하 인파가 로마에 몰려들었으나, 축하객들의 환호에 못지않게 새 교황 선출에 대한 실망과 비판의 소리도 끊이지 않고 있다.

우리는 역사적으로 전례 없이 다양한 이익주장들이 난무하는 다원주의 사회에서 새 교황이 평화의 사도로서 그 직무를 성스럽게 수행할 수 있도록 해야 할 것이다.

18일에 열린 콘클라베는 이례적으로 25시간 만에 라칭거 추기경을 새 교황으로 선출하였다.

콘클라베는 교황이 임명한 추기경들의 비밀회의이기 때문에 교황 선출은 언제나 전임 교황의 의중대로 이루어질 것이라는 기우가 있었다. 그러나 교황의 선출 결과가 예상을 뒤엎는 경우도 많았다. 이처럼 전임 교황의 한계를 극복할 수 있는 인물을 차기 교황으로 모시려는 추기경단의 마음은 흔히 '진자의 추'로 비유되어 왔다. 그러나 이번 회의에서 그 '진자의 추'는 움직이지 않았다. 요한 바오로 2세의 가장 충실한 후계자인 라칭거 추기경이 새 교황으로 선출된 것이다.

라칭거 추기경은 요한 바오로 2세의 바티칸에서 가장 막강한 권력을 행사해왔던 인물이다.

교회의 보수적 전통을 고수하려는 그의 노력은 예수 그리스도(쉴레벡스), 해방신학(보프), 종교대화론(한스 큉) 등의 진보사상에 대하여 엄정한 심판을 내렸다. 낙태를 금지하였고, 에이즈가 창궐하는 아프리카 신자들에게까지도 콘돔 사용을 허락하지 않았던 교황청의 중심에 바로 그가 있었다.

독일의 개신교, 스위스의 기독교, 남미와 아프리카 기독교가 그의 즉위를 꺼려했던 것은 바로 이 때문이다.

다른 한편 신임 교황의 선출은 영국과 독일의 민족 감정을 부추겨서 제2차 세계대전의 악몽을 되살아나게 하고 있다.

영국의 신문들은 신임 교황의 나치 전력을 들어 강도 높게 비난하였다. 소년 라칭거는 1941년(14세)에 히틀러 유겐트 대원이 되었으며, 1943년에는 BMW공장의 방공포 부대에 배치되었다가 이듬해에 탈영하여 전범수용소에서 종전을 맞았다. 그래서 영국의 한 일간지는 "히틀러 유겐트에서 라치 교황이 되다"(From Hitler Youth to Papa

Ratzi)라는 제목을 달아 비꼬았다. 교황(Papa)의 애칭(Ratzi)을 '파파라치'로 연상하게 했던 것이다.

이상의 두 가지 사실들만으로도 라칭거 추기경은 비토될 가능성이 많았다. 그럼에도 불구하고 우리는 왜 그가 하필 이 시점에서 새 교황으로 추대되었으며, 또한 추대될 수 있었는가를 생각해 볼 필요가 있다.

첫째로 세계정치와 교황청의 보수화 경향성을 들 수 있다. 이데올로기의 대립을 극복하고 후기산업사회를 거쳐 지식정보사회에 도달하고 있는 인류는 지금 최대의 풍요를 누리고 있으며, 교황청 역시 역사적으로 가장 찬란한 시대를 맞고 있다. 따라서 최선의 상태를 유지하려는 보수화 경향성은 당연할 수 있다. 그러나 이제 새 교황은 관용을 베풀 수 있어야 한다. "세상에는 배고픔과 목마름, 포기, 외로움, 파괴된 사랑 등 수많은 사막"이 있으며, 그것들을 비옥하게 가꾸어야 할 책무가 그에게 있다.

둘째로 독일정부의 화해 노력을 들 수 있다. 라칭거의 나치 전력에 대한 영국 일간지의 비판은 설득력이 없었다. 우선 소년 라칭거가 자발적으로 히틀러 유겐트가 되었다고 주장할 근거가 없다. 세계적인 철학자 칼-오토 아펠은 바로 이 문제를 적나라하게 고백하고 있다. 국가주의 사상이 전체적으로 왜곡될 경우에 국민들은 잘못된 도덕의식과 애국심을 가질 수 있다는 것이다. 아펠 자신도 전쟁이 끝난 다음에서야 자신들의 행위가 부끄러운 짓이었다는 사실을 깨닫게 되었다고 고백하였다.

그렇다 하더라도 독일정부가 유대인 학살 문제에 대해서나 프랑스와 폴란드 등 인접 국가에 대한 만행에 대하여 깊은 용서를 구하지 않았더라면 라칭거 추기경의 교황 선출은 전적으로 불가능했을 것이다.

우리는 새 교황 베네딕토 16세가 하느님의 어린 양들을 보살피는 목자로서 그 소임을 다 할 수 있도록 마음을 모아주어야 할 것이다. (2005.04.26)

다빈치 코드와 도전받는 기독교 신앙

전 세계의 기독교계에 비상이 걸렸다. 영화 "다빈치 코드"가 개봉 박두했기 때문이다. 댄 브라운이 저술한 베스트셀러 『다빈치 코드』가 영화로 제작되어 5월에 전 세계 동시 개봉을 앞두고 있어서 기독교계가 술렁이고 있다.

한편 내셔널 지오그래픽사는 4월 9일 『유다복음서』의 원본 내용을 공개함으로써 기독교계가 교의체계의 수호에 신경을 쓰지 않을 수 없게 되었다.

영화 "다빈치 코드"는 예수가 막달라 마리아와 결혼하여 자식들까지 낳았지만, 이 비밀을 수호하기 위한 교회조직이 살인까지 저지른다는 음모론적 스릴러물이다. 신앙이 약한 신자들에게는 엄청난 충격일 수 있으며, 심각할 경우 기독교 신앙의 뿌리가 흔들릴 수도 있다.

『유다복음서』 역시 예수를 배반한 제자로 알려진 것과는 반대로 유다가 예수의 사전 지시를 받고서 그의 구속사를 완성할 수 있도록 역할을 맡는다는 충격적인 내용을 담고 있다.

이미 한국기독교총연합회(대표 박종순 목사)는 영화 "다빈치 코드"에 대한 상영금지 가처분신청서를 법원에 제출하였다. 개신교의 나라 미국에서도 "다빈치 코드"를 극복할 수 있는 대안 모색과 함께 이 위기를 어떻게 넘길 것인가 고심하고 있지만 뾰족한 묘안을 찾지 못하고 있다. 이는 코페르니쿠스의 지동설과 다윈의 진화론에 이어 기독교를 뒤흔드는 대사건임에 분명하다.

예수는 자신을 넘기기 위하여 입을 맞추는 유다에게 "네가 무엇을 하려고 왔는지 행하라"(마태 26:50)고 말한다. 예수가 유다에게 할 일을 미리 지시해놓고, 그 일을 피하지 말고 이행하라는 것이다. 그렇게 되면 유다는 예수의 배반자가 아니라 협력자이자 수제자가 되는 것이다. 가룟 유다의 시복청원은 2005년 4월 24일, 제265대 교황으로 취임한 베네딕토 16세가 해결해야 할 과제 중의 하나로 부각되었다.

이 문제는 1975년 독일작가 발터 옌스가 「가룟 유다의 시복재판에 관한 보고서」라는 부제를 단 『유다의 재판』을 출판하면서부터 대중들에게 알려지기 시작하였다. 이 소설에서 프란체스코회 소속 베르톨트 신부는 유다를 순교자로 인정해 달라고 바티칸에 청원하게 되고, 이 때 시작된 종교재판은 아직 끝나지 않고 있다.

유다의 행위가 정당화될 경우에 기독교 신앙은 죄악의 책임 문제를 근본적으로 재검토하지 않으면 안 될 처지에 빠지게 된다. 사실 초기기독교 신자들은 정비된 교의체계 없이 매우 다양하고 자유로운 신앙의식을 가지고 있었다. 모든 사람이 구원받을 수 있다는 만인구원설과 신의 육체적 화현을 부정하는 영지주의(그노시스) 학파 등이 바로 그것이다. 유다 없이는 예수의 십자가 사건도 생각할 수 없으며, 기독교의 출현 역시 불가능하기 때문에, 유다는 예수를 배반한 것이 아니라 예수의 지시를 따라서 하느님의 사역에 동참했다는 논리 역시 가능하다. 문제는 이것이 지금까지의 주류 신앙과는 모순적이기 때문에 허용하기가 쉽지 않다는 점이다.

이번에 발굴된 『유다복음서』는 1970년대에 이집트 사막에서 발견되었으며, 방사성 탄소연대 측정 결과 서기 300년경 파피루스에 이집트의 콥트어로 작성된 진본으로 확인되었다. 이 『유다복음서』는 1~2세기에 그리스어로 작성되었으나 콥트어로 다시 번역된 것으로 보인다. 이 유다복음서가 속하는 영지주의적 전통은 당시 상당한 세력을 떨치고 있었으나 180년경에 이레네우스 주교가 이단으로 규정하면서 점차 사라져갔다.

이런 문화적 충격을 차단하려는 것은 불가능하고 무모하다. 그보다는 기독교적 가치의 우위성을 생활 속에서 드러내기 위하여 노력하는 것이 필요하다고 본다.

(2006.04.08)

로고스와 페르소나로서의 인간

1. 인간이란 무엇인가?

인간에 대한 다양한 이해가 가능하다. 그러나 우리는 인간에 대하여 여전히 적절한 답을 구하지 못하고 있다. 인간에 대하여 제대로 안다는 것은 인간 자신을 넘어서는 과제일 것이다. 그럼에도 불구하고 우리는 부단하게 인간에 대한 물음을 제기해 왔다. 그렇다면 서양철학에서는 인간을 어떻게 규정하고 있을까? 서양의 철학적 인간학에서 가장 핵심적이고 주도적인 테제는 무엇일까? 그리고 그와 같은 테제는 지금 어떤 도전에 직면하고 있을까? 인간의 삶은 아직도 의미를 가지고 있는가?

서양사상의 대표적 주자인 임마누엘 칸트(Immanuel Kant 1724~1804)는 우리가 제기할 수 있는 모든 가능한 물음은 "인간이란 무엇인가?"(Was ist der Mensch?)라는 물음 속에 집약되어 있다고 말한다. 그의 3부작은 결국 이론적 지식, 도덕적 실천, 종교적 희망의 가능성 조건을 해명하려는 작업이기도 하다.

지식사회학과 철학적 인간학의 개척자였던 막스 셸러(Max Scheler 1874~1928)는『우주 안에서 인간의 지위』(*Die Stellung des Menschen im Kosmos* 1928)라는 책에서 인간은 감각충동, 본능, 연상적 기억, 실천적 지능 이외에도 '세계개방적'(weltoffen) 특성을 가진 정신적 존재라는 점에서 매우 특수한 지위를 갖는다고 하였다. 그렇다면 세계개방성(Weltoffenheit)을 특징으로 하는 인간 존재의 탁월성은 어디에 근거하는 것일까?

희망의 철학자 에른스트 블로흐(Ernst Bloch 1885~1977)는 그의 주저『희망의 원리』(*Das Prinzip Hoffnung* 1954~1959)의 서문에서 "우리는 누구인가? 우리는 어디에서 왔는가? 우리는 무엇을 기다리고 있는가? 무엇이 우리를 기다리고 있는가?"라는 물음을 던지고 있다. 그가 던진 물음은 결국 인간의 문제이고, 인간이 결국 희망 존재라는 사실을 드러낸다.

결국 인간 존재에 대한 물음은 서양철학사 전반에 걸쳐서 답을 구해야 할 가장 근원적인 물음들 중의 하나에 속한다. 그러나 어느 철학자의 이론에서도 인간의 전모는 밝혀지지 않고 있다. 그럼에도 불구하고 우리는 서양사상에서 인간의 특성을 가장 잘 드러내는 두 가지 개념적 요소들, 즉 로고스(logos)와 페르소나(persona)를 통하여 좀 더 가깝게 다가서고자 한다.

2. 철학의 시원과 로고스중심주의

최초철학자들의 위대함은 아르케(arche)와 로고스(logos)의 발견에서 찾을 수 있다. 철학의 아버지들은 그리스의 동쪽에 위치한 소아시아 지역에 살고 있었다. 탈레스, 아낙시만드로스, 아낙시메네스, 파르메니데스, 헤라클레이토스로 이어지는 최초의 철학자들은 아르케 물음, 즉 우리가 살고 있는 세상이 존재하는 근원, 원인, 이유, 근거, 시작, 본질 등에 대한 물음을 물었으며, 그 물음에 대한 답변의 근거를 법칙, 이법, 이성 등을 뜻하는 로고스에서 찾으려고 하였다. 헤라클레이토스(Herakleitos BC544~484)가 최초로 언급하였던 '로고스'는 나중에 그와 같은 고향에서 출생하였던 사도 요한에 의하여 하느님, 특히 '인간이 되신 하느님'을 지칭하기 위하여 사용되었다. 데모크리토스(Demokritos BC460~370)가 인간을 '소우주'(Mikrokosmos)로 이해한 것도 사실 알고 보면 인간과 신과 세계의 일치근거에서 비롯된 것이다.

인간은 '이성적 동물'(homo sapiens)이다. 여기에서 이성(logos, ratio, reason, Vernunft)은 인간을 세계와 신의 신비를 반영하고 있는 존재로 자리매김 한다.

철학의 아버지들이 남긴 철학적 사유의 특징은 본질철

학(Wesensphilosophie)이다. 탈레스, 파르메니데스, 헤라클레이토스, 플라톤, 아리스토텔레스를 거쳐서 데카르트, 칸트와 헤겔에 이르기까지의 서양철학사의 전개는 바로 로고스중심주의를 특징으로 하며, 그것은 서양의 형이상학을 본질철학으로 규정하게 한다. 본질철학은 어떤 것을 바로 그것으로 규정하는 불변적인 것, 영원한 것, 필연적인 것, 보편적인 것, 절대적인 것이 무엇인가를 중점적으로 추구하였다. 그러나 무엇임(Was-sein), 본질(essence)은 필연적으로 있는 그대로의 것, 즉 존재와 실존(existentia, Existenz)을 일반화하는 과정에서 개체의 특성을 배제하거나 사상(捨象)하는 경향이 있었다.

플라톤(Platon BC430~347)은 현상 세계에서 발견하는 존재자의 본질을 이데아(Idea)에서 찾으려고 함으로써 관념론(Idealismus)의 선구자가 되었다. 이로써 그는 필연적으로 지식을 세계사물의 과거적 본성(Gewesenheit)을 인식하는 것, 즉 상기 혹은 회상(anamnesis)으로 규정하였다.

그의 제자 아리스토텔레스(Aristoteles BC384~322)는 어떤 것을 바로 그것으로 규정하는 존재적 특성은 존재 사물의 밖에 초월적으로 있는 것이 아니라 사물 자체 속에 있다고 주장하였다. 따라서 그는 사물 속에서 사물의 본성을 유지하는 실체적 측면, 즉 기체(基體 hypokeimenon)를 문제 삼았다. 그리하여 아리스토텔레스의 철학에서 문제되는 본질(Wesenheit)은 현실적 실재로부터 나오며, 따라서 그의 철학은 실재론(Realismus)으로 규정된다. 그의 철학 체계에서 각각의 실체는 순수이론(theoria) 속에서 관조하는 사유(noesis noeseos) 또는 '제1의 부동의 원동자'로서의 신을 향하는 운동 과정 중에 있으며, 이것을 우리는 목적론(Teleologie)이라고 부른다. 이처럼 탈레스에서 아리스토텔레스에 이르는 고대 그리스 철학의 핵심적 사유방향은 로고스중심주의(Logozentrismus)이다. 이들은 세계현상을 하나의 세계법칙이나 목적론적 사유 속에서 통일적으로 이해하기 위하여 고심하였다.

3. 인격과 실존적 요소의 출현

서양사상의 다른 축이라고 할 수 있는 히브리 사상의 전통 속에서는 인격(persona)의 문제가 중시되었다. 세계 사물과 현상을 하나의 보편적 원칙이나 법칙으로 환원하려는 고대 그리스의 본질주의적 경향성과는 반대로 히브리적 전통에서는 한 개인과 하느님과의 실존적 관계가 중시되었다. 인격 문제를 체계적으로 다루었던 사상가는 아우구스티누스(Augustinus 354~430)였다. 그는 기독교 신학에서 삼위일체설을 정립하였으며, 그 과정에서 인격(persona) 개념을 주제적으로 사용하였다. 그는 특히 하느님의 형상(imago Dei)을 닮은 인간 존재가 원죄를 범하게 된 과정을 상술하면서 인간이 최초의 자유의지를 잘못 사용하게 되는 문제와 죄에 대한 고백적 성찰, 그리고 하느님의 은총을 통한 구속 등을 다루면서 개인의 유일성과 독자성, 그리고 신 앞에서의 소명 등 실존적 요소를 강조하였다. 아우구스티누스의 신학 노선에 충실하였던 보나벤투라(Bonaventura 1217~1274)와 프란체스코학파는 사랑을 실천하기 위하여 노력하였다.

중세사상의 꽃이라고 할 수 있는 토마스 아퀴나스(Thomas Aquinas 1225~1274)는 이성의 우위를 인정하면서도 영혼과 육체가 인간의 본체를 이루는 내적 구성 원리라고 보았다. 그는 인간을 본질적 요소와 실존적 요소의 통일이라는 측면에서 종합적으로 파악하려고 하였다. 그리하여 '작용하는 지성의 빛'(lumen intellectus agentis)으로서 이성의 우위성을 강조면서도 자유와 사랑은 이성의 결과라고 간주하였다. 아퀴나스는 존재의 본질(essentia)과 실존(existentia)을 최초로 구별하였던 사상가이기도 한다. 여기에서 우리는 본질 개념과 실존 개념이 대비적으로 사용되는 것을 확인할 수 있으며, 이러한 개념 사용은 보편논쟁에서 중요한 논점이 되기도 하였다. 둔스 스코투스(Duns Scotus 1265~1308)와 옥캄(Ockham 1280~1347)은 하느님과 같은 보편존재가 개별적인 사물과 같은 실재적 존재를 가지는 것이 아니라 명목상으로만 존재한다는 이른바 유명론(Nominalismus)을 제기하였다. 개체 사물은 실존을 가지지만, 신과 같은 보편존재는 실존을 갖지 않는다는 사상은 개체중심적인 근대 경험론의 탄생을 예고하고 있었다.

중세의 사유전통에서 일반적으로 간과되었던 사실들 가운데 수도사 및 고해사들의 죄책 분석이 심층심리학, 정신분석학, 실존철학적 성과들을 축적하였다는 사실은 특기할만하다. 미셸 푸코의 섹스에 대한 계보학적 성찰에서도 발견할 수 있듯이 중세의 고백성사는 일반인들의 침실생활을 대상으로 하였으며, 비교적 빈번하게 발생하는 성적 일탈에 대한 사연들을 주제화하고 있었다. 이런 사실에서 중세의 고백성사는 현대적 관점에서의 심리치료 및 정신분석학적 기능을 수행하고 있었던 것이다. 중세교회의 개혁을 부르짖었던 마르틴 루터가 은총론을 강조함으로써 절망적 상황에서 하느님의 용서를 요구했던 것은 바로 그 같은 중세기적 태도를 고려한 측면이 있다.

4. 로고스중심주의와 실존망각의 역사

철학사에서의 근대는 주체와 정신의 절대화를 특징으로 한다. 그 필연적 귀결은 주관성의 철학이며 로고스중심주의였다. 이로 인하여 히브리적 사유와 중세 기독교 사상가들에 의하여 발굴되었던 인격적, 실존적 요소는 철저하게 매몰되어 버렸다.

근대의 주체 철학은 데카르트(Descartes 1596~1650)로부터 시작된다. “나는 생각한다. 그러므로 나는 존재한다”(Cogito ergo sum)라는 명제를 바탕으로 그는 실존의 권리근거를 사유에서 찾고자 하였다. 그러나 그는 인간을 ‘인식론적 주체’로 환원함으로써, ‘나는 존재한다’(sum)의 근저에 있는 실존의 문제는 망각의 늪으로 빠지게 하였다.

칸트(Kant 1724~1804)는 인간의 총체적인 인식능력인 이성(Vernunft, reason)에 대한 비판을 수행하였던 사상가이다. 『순수이성비판』(1781)은 인간의 인식능력에 대한 비판이며, 이를 통하여 칸트는 이성 활동의 한계 안에서 포착되는 현상세계에 대한 객관적 지식의 한계를 설정하였다. 인간의 유한성과 근본악의 개념은 칸트의 선험적 관념론에서 찾아볼 수 있는 실존주의적 요소들이지만, 인간은 특정한 인식능력의 소유주체들로 환원되고 있다. 다른 한편으로 칸트는 비교적 여러 곳에서 인간을 수단이 아닌 목적으로 대할 것을 강조하면서 인격 존재로 규정하였다. 그러므로 칸트는 인간을 로고스의 관점에서나 페르소나의 관점 모두에서 통찰하였던 점에서 특별할 뿐만 아니라, 체계적인 의미에서 철학적 인간학을 주제화하였던 사상가라고 평가할 수 있다. 그가 제시한 철학적 물음들을 하나로 통합하면 ‘인간이란 무엇인가?’라는 물음으로 귀결된다.

칸트의 인간학적 관심은 피히테(Fichte 1762~1814)의 절대자아나 헤겔(Hegel 1770~1831)의 절대정신의 개념들을 통하여 추상적인 관념성으로 매몰되어 버린다. 헤겔은 『정신현상학』(1817)을 통하여 순수존재(무)에서 절대정신으로의 이행 과정에서 각각의 개체적 특성들은 지양되고 전체만이 존재한다는 가설을 확정하였다. 물론 헤겔은 부정성, 무, 투쟁 등의 개념에다 역사과정에서 출현하는 개인의 곤경과 불안(경험의 총체성)을 기술하고 있지만, 그것은 실존의 고유한 가치를 위한 것이라기보다는 개체가 전체 속으로 지양되는 측면을 강조하기 위한 것이다. 그러나 헤겔에서는 시대정신(Zeitgeist)조차도 이성의 간지(List der Vernunft)일 수 있으며, 모든 개체는 이성, 즉 정신(Geist, spirit)의 통일성 안으로 사라지고 만다. 개체와 실존의 고유한 의미는 생각할 수 없는 것이다.

이런 사실에서 우리는 근대 유럽철학은 실로 실존망각의 역사라고 규정하지 않을 수 없다. 나중에 하이데거는 고대 이후의 유럽철학사를 '존재망각의 역사'라고 표현하였지만, 근대철학에서 주도적으로 나타난 로고스중심주의는 필연적으로 실존 망각을 초래했던 것이다.

헤겔 철학에 대한 반동은 쇼펜하우어와 니체를 중심으로 하는 의지형이상학의 출현, 실증주의, 그리고 실존주의 등 여러 가지 모습으로 나타나면서 이른바 로고스중심주의의 기반을 흔들기 시작하였다.

의지형이상학(Willensmetaphysik)은 헤겔의 정신철학에 대한 강력한 반동이었다. 쇼펜하우어(Schopenhauer)는 물자체가 의지이고, 이 세상에는 삶에의 맹목적 의지로 충만

해 있다고 진단하였다. 쇼펜하우어의 계승자인 니체(Nietzsche)는 삶의 충동을 권력에의 의지로 파악하였고, 프로이트(Freud)는 쾌락에의 의지로 규정하였다. 이들은 정신과 영혼 대신에 각 개체의 의지를 강조하였다. 헤겔이후의 철학적 특징 가운데서 가장 두드러진 것은 바로 실증주의의 출현이다. 꽁트(Comte)를 비롯한 불란서 백과사전파, 스펜서(Spencer), 다윈(Darwin), 헤켈(Haeckel), 마하(Mach), 아베나리우스(Avenarius)에 의하여 유물론, 진화론, 실용주의로 연이어 전개되면서 인간은 로고스적 존재가 아니라 공작적 존재(Homo faber)로서 주목받게 되었다.

근대 후기에는 실존주의 운동이 일어났다. 쇠렌 키에르케고르(Kierkegaard)의 '신 앞에 홀로 선 단독자', 사르트르(Sartre)의 "실존이 본질에 앞 선다", 야스퍼스(Jaspers)의 '한계상황', 하이데거(Heidegger)의 '내던져진 존재'와 '죽음에의 존재', 그리고 폴 틸리히(Paul Tillich)의 '존재에의 용기'는 실존사상의 키워드이며, 이러한 개념들의 유행과 더불어 로고스중심주의에서 실존주의로 이행하게 되었다. 실존주의에 이어서 출현한 포스트모더니즘(Postmodernismus)은 남성적, 가부장적 이데올로기가 반영된 이성 개념으로부터의 탈출을 시도하였으며(특히 페미니즘 윤리), 다수의 여성철학자들의 출현과 더불어 이성보다는 판단력(Urteilskraft)을 더 중시하는 경향성이 두드러지기 시작하였다.

5. 실존철학의 출현

키에르케고르에서 하이데거에 이르는 실존철학 운동의 선구자는 파스칼(Pascal 1623~1662)이다. 그는 우주 안에서 인간의 허약성을 누구보다 더 잘 알고 있었다. 그러나 그는 인간이 자기 자신의 괴리, 무력감, 무가치를 인지하고 있으면서도 동시에 초월적 신성을 통한 구원을 추구하는 존재이기에 위대하다고 말한다. 생각하는 갈대는 우주적 실존인 것이다. 실존주의에 기여한 또 한 사람의 사상가는 바로 셸링(Schelling 1775~1854)이다. 그에 의하면 실존을 추상한 본질철학은 소극적 철학 또는 부정철학(negative Philosophie)이다. 그 반면에 셸링은 스스로 경험하고 사유하는 개인이 역사적 상황 속에서 결단하는 사상을 적극적 철학 또는 긍정철학(positive Philosophie)이라고 불렀다. 폴 틸리히는 셸링이야말로 헤겔의 본질철학을 비판하기 위하여 처음으로 '실존'이라는 사용한 사람이라고 평가한다. 셸링은 키에르케고르(Kierkegaard 1813~1855)에게 영향을 미쳤다.

키에르케고르는 '사이에 있음'(inter-esse), '주체성이 진리이다', '거꾸로 선 활자' 등의 개념들을 통하여 새로운 철학을 기술하였다. 그에 의하면 실존은 무한과 유한, 영혼과 신체, 가능과 필연, 영원과 순간, 이상과 실재, 보편과 개체의 종합을 지향하는 존재이다. 실존은 세 단계의 존재 이행을 시도한다. 심미적 실존은 자기 자신이 아닌 외적인 것, 즉 쾌락과 행복, 운명 등에 의하여 주도되며, '교환가치'에 의하여 찰나(Moment)를 만족시키거나 자신이 배제된 절망적 도피의 상태를 추구한다. 윤리적 실존은 자기 자신을 전 인류에 타당한 보편적인 윤리적 요구에 맡기고자 한다. 양심적인 선택은 곧, 죄책과 참회를 통하여 자신이 더 이상 자유로울 수 없는 존재라는 사실을 인정하는 것과 같다. 윤리적 실존에 이어 종교적 실존이 뒤따르는데, 바로 여기에서 역설이 출현한다. 아브라함에게 아들 이삭을 번제물로 바치라는 하느님의 명령은 도덕적 양심과 신의 명령 중에서 어느 것을 선택해야 할지 모르는 역설적 상황으로 내몰아간다. 종교적 실존에서 개별자의 자아와 자유는 시간성과 역사를 구성하는 신앙의 비약(Sprung)을 통하여 순간적으로 달성된다. 신이 시간 속에 들어와 역사적으로 인간 예수가 되었다는 사실, 이 인간이 신이 되었다는 사실은 절대적인 역설이지만, 믿음은 그것을 넘어서게 한다. 개별자가 자신을 '역사 속의 신'과 결속시킴으로써 신과 동시적으로 되는 사실은 헤겔의 절대정신의 변증법과는 근본적으로 다르다. 헤겔에서는 실존이 사라지지만, 키에르케고르에서는 실존이 생생하게 살아남아있다. 미래와 관련하여 신과 동시적이 되는 사건, 즉 신의 은총으로 나타나는 자유는 곧 실존의 본질을 이루게 된다. 개별자의 본질은 믿음의 자유이고, 개별자는 그 자유 안에서 진정한 그 자신, 즉 정신이 된다.

키에르케고르의 사상을 충실하게 계승한 실존주의 철학자는 칼 야스퍼스(Karl Jaspers 1883~1969)이다. 하이데거는 야스퍼스를 칸트와 키에르케고르의 혼합이라고 평한다. 야스퍼스는 그의 저서 『철학』(*Philosophie* 1932)에서 철학적 세계정위, 실존해명, 형이상학의 문제를 다루면서 모든 존재자를 넘어서서 체계적으로 존재를 찾는 '초월함'(Transzendieren)에서 실존의 특성을 찾으려고 하였다. 그의 개념 중에서 가장 특징적인 것은 포월자(das Umgreifende)이다. 포월자는 존재 그 자체이거나 존재의미를 드러나게 하는 근본적인 지평존재들을 뜻한다. 존재 자체인 포괄자로서는 세계와 초월이 있다. 우리에게 드러나 있는 것은 세계이고, 그것을 넘어선 모든 것은 초월이다. 우리들 자신인 포월자에는 현존재, 의식일반, 정신이 있다. 현존재는 나의 존재이고, 의식일반은 나의 존재를 일관되게 하는 자기의식이고, 정신은 시대와 문화를 아우르는 상호주관적 매개체이다. 이와 같은 여러 유형의 포월자들을 연결하는 것은 실존과 이성이다. 야스퍼스는 담론윤리학자들에 앞서서 의사소통(Kommunikation)의 문제를 제기하였는데, 그것은 포월자들 사이에서의 지평융합과 같은 형식으로 이루어진다. 신에 대한 인식 역시 이와 같은 방식으로 이루어진다. 실존은 고통, 죄책, 죽음과 같은 한계상황(Grenzsituation) 속에서 자기 자신의 존재를 확인하게 되고, 신적인 것, 즉 암호(Chiffer)를 해독함으로써 비약(Sprung)을 감행하게 된다. 그것은 바로 존재가 실존의 내적 결단을 통하여 일체화하는 것을 뜻한다.

마르틴 하이데거(Heidegger 1889~1976)는 『존재와 시간』(*Sein und Zeit* 1927)에서 현존재 분석(Daseinsanalyse) 또는 기초존재론(Fundamentalontologie)의 정초를 시도하고 염려(Sorge)의 구조를 발견하였다. 사실성(Faktizität), 불안, 죽음에 대한 현상학적 분석을 통하여 실존의 가능적 측면을 제시한 것이다. 그는 인간을 내던져진 상태에서 자신의 미래를 설계할 수 있는 존재(geworfener Entwurf)로 규정하였다. 자신의 미래 설계는 특히 죽음 앞에서의 선구적 결단을 통하여 본래적 가능성으로 이행함으로써 이루어진다.

하이데거의 경우에 현존재(Dasein)에서 Da의 의미는 매우 특이하다. 그것은 우리말에서 모든 것을 뜻하는 '다'와 종결어미의 '다'와 마찬가지로 모든 것의 드러남을 지시한다.

그것은 사건적 발현을 통한 자기화 현상, 즉 '사건'(Ereignis), 존재의 의미가 밝게 드러나는 것, 즉 '밝힘'(Lichtung), 존재의 '파송'(Schickung), 즉 존재의 자리에서 빠져나와 본래적인 자기의 모습을 취하게 되는 사건으로서의 '역운'(Geschick), 그리고 '드러냄'(Entbergung) 또는 '탈은폐성'(Entdecktheit), '망각을 걷어내는 것'(aletheia)

으로서의 '진리'(Wahrheit) 현상 그 자체가 생기하는 곳이다. 그러므로 결국 실존으로서의 현존재는 '자유롭게 열려 있는 존재'(das freie Offene)를 뜻한다. 하이데거에서 실존은 존재의 의미가 드러나는 장소이다. 존재의 진리를 돌보는 존재의 목동으로서 인간은 존재의 밝힘 속에 서서 존재가 부여하는 과업을 청종하여 수행하는 심부름꾼이다. 그러기 위해서 인간은 자신이 서 있는 위치에서 한걸음 물러서야 한다. 탈존(Ek-sistenz)은 현재 타락한 존재 상태를 벗어나 본래적인 자기에로의 복귀를 지시한다.

키에르케고르, 야스퍼스, 하이데거에서 로고스나 존재의 본질은 차선으로 물러나고 실존, 그것도 인간 존재가 중심적인 위치를 차지하게 된다. 실존은 세계의 의미가 드러나는 장소이다. 세계의 존재의미는 로고스에 의하여 파악되는 것이 아니라 실존에 드러날 뿐이다. 그러나 실존에서 로고스는 드러나고 있지만 페르소나(인격)의 문제는 아직 주제화되고 있지 않다.

6. 로고스와 페르소나의 결합으로서 로고테라피

로고스와 페르소나의 일치를 통해서 본 인간 이해는 빅토르 프랑클(Victor Frankl 1905~1997)에 의하여 시도되었다. 그는 실존주의(키에르케고르, 야스퍼스의 노선)와 로고스중심주의(심리치료학)의 결합을 추구하였다. 프랑클의 로고테라피(Logotheraphie)는 의지의 자유(유한한 존재인 인간에게 주어진 제약된 조건에 맞설 수 있는 의지), 의미에의 의지(정신학적noological 차원에서의 로고스, 정신spirit을 기반으로 하여 자신의 행위에서 의미를 발견하려는 의지), 삶의 의미(신의 은총과 결부된 거룩한 생명의 신비)에 근거를 두고 있다.

로고테라피는 기계론이나 생물학주의 또는 범성욕론과 같은 환원주의적 태도를 모두 지양하고자 한다. 프랑클은 무엇보다도 먼저 라메트리의 인간기계론 등 기계적, 생화학적 환원주의의 한계를 지적하였다. 인간은 암호화한 정보를 보존하기 위하여 엄청난 컴퓨터를 동력화한 연소기관에 의하여 작동되는 복잡한 생화학적 기제가 아니라는 것이다. 인간은 기계 이상의 존재이다. 니콜라이 하르트만과 막스 셸러가 인간을 무기물, 식물, 동물과는 전적으로 구별되는 다른 차원(정신)을 가진 존재라고 규정한 것은 그에게 상당히 교훈적이다. 프랑클은 칸트주의적 규범윤리학의 한계도 비판한다. 십계명 중에서 '살인금지'와 '간통금지'의 계명이 철저하게 적용될 경우에는 생명을 해칠 수도 있다. 그는 아우슈비츠 수용소에서 한 젊은 부부가 삶을 유지하기 위하여 부부 사이에 지켜야 할 보편적 가치인 간통금지의 계율을 어김으로써 '살인금지'의 계율을 지켜낸 이야기를 소개하면서, 불가항력의 특수한 상황에서는 정언명법에서 허용되지 않은 거짓말도 의미가 있을 수 있다는 사실을 지적한다. 칸트의 정언명법에서는 선의의 거짓말을 인정하지 않지만, 프랑클은 그것을 인정한 것이다. 또한 동시에 프랑클은 프로이트학파(쾌락에의 의지)의 한계를 지적한다. 인간의 모든 행위와 억압갈등을 성적 욕구불만으로 환원하려는 범성욕론(Pansexualismus)은 1차원적일 뿐이다. 그것으로는 다차원적 가치를 설명하지 못한다. 호이셔(Julius Heuscher) 박사는 1538쪽에 달하는 한 프로이트학파 정신분석가의 괴테 연구서에 대한 서평에서 저자가 괴테라는 천재를 조울병, 편집광, 간질병, 동성애, 근친상간, 관음증, 노출증, 성욕도착, 성적 무기력, 자아도취, 강박관념적 신경증, 히스테리, 과대망상증에 사로잡힌 사람으로 묘사하는데 그치고 있다고 비판하였다. 프로이트학파는 괴테의 창조적인 천재성의 위대함을 있는 그대로 보지 못하고 성도착적 술어로 왜곡한 것이다. 프로이트는 그 자신을 언제나 건물의 맨 밑층이나 지하실에 한정하였다. 이와 같은 현상은 아들러의 권력의지, 왓슨(Watson)의 행동주의(behaviorism), 파블로프의 반사론(reflexology) 등에서도 동일하게 나타난다.

로고테라피에서는 삶의 의미를 스스로 발견하는 것을 중요하게 생각한다. 이 세계는 의미로 가득 차 있다. 인간은 의미에의 의지를 가진 존재이다. 그러나 이 세계에서는 의미의 물화 현상이 발생한다. 쾌락이나 권력의 추구, 자기실현 그 자체는 삶의 목적이 아니라 의미충족의 결과에 지나지 않는다. 그러나 진정한 삶의 의미를 망각한 자는 쾌락과 권력에 집착하게 된다. 로고테라피에서는 이 세상에서 가장 힘든 일, 가장 무가치한 일을 하는 경우에도 삶의 의미를 찾을 수 있다고 본다. 그래서 로고테라피에서는 고통이나 불안조차도 의미있게 받아들일 것을 권면한다. 무기징역 수형자나 사형수들에게 자신의 죽음을 받아들이게 하는 것조차도 로고테라피의 과제이다. 『이반 일리치(Ivan Ilyich)의 죽음』은 누구에게나 그를 앞서서 죽음이 기다리고 있다는 사실, 즉 죽음에의 존재라는 사실을 깨닫게 해준다. 따라서 삶에의 맹목적 충동이 아니라 의미 있는 삶을 살도록 일깨워 준다.

결론적으로 다음과 같은 사실을 정리할 수 있다. 첫째로 인간이란 무엇인가라는 물음에 대하여 서양철학에서는 이성(logos)과 인격(persona)을 가진 존재라고 대답할 수 있을 것이다. 이러한 인간존재는 세계개방성(Weltoffenheit)을 특징으로 한다. 둘째로 근대철학에서의 합리성, 객관성, 보편성은 로고스중심주의의 결산이며, 그 과정에서 실존성의 범주는 망각되었다. 셋째로 에두아르드 폰 하르트만, 쇼펜하우어, 니체, 키에르케고르, 야스퍼스는 의지형이상학과 주체성의 진리를 강조하면서 실존해명을 철학적 과제로 제시하였다. 실존철학은 구체적인 몸과 마음을 갖고서 좌절, 불안, 죽음 앞에 노출된 인간 존재를 철학적 사유의 일차적인 대상으로 삼았다. 이와 같은 한계상황(야스퍼스)은 인간 존재에게 자신의 고유성이나 본래성을 자각하게 하는 중요한 계기가 되었다. 넷째로 빅토르 프랑클의 로고테라피는 로고스중심주의와 실존주의의 결합을 추구하였다. 인간은 삶에의 맹목적 의지, 권력에의 의지만을 가진 존재가 아니라 의미에의 의지를 가진 존재이다. 이는 인간이 다른 동물들과는 차원이 다른 영적, 정신학적 세계를 가지고 있으며, 신과의 일치를 통하여 자신에게 주어진 삶의 의미를 스스로 발견하고 스스로 책임질 수 있는 존재이다. 인간에게 주어진 정신학적, 신적 이성을 수용하는 동시에 인간의 고유한 삶의 가치를 인정함으로써 인간 실존은 진정한 의미에서 세계개방성을 가진 존재가 된다. (2005.09.15)

타자에 대한 배려

1. 타자(das Andere)란 무엇인가?

타자란 나(자아)와 마주 서 있는 존재들이다. 전통적으로 그것은 대상(Objekt, Gegenstand)이었다. 그러나 타자는 더 이상 대상으로 그치지 않는다. 다른 사람들, 다른 존재들, 나를 둘러싼 자연과 세계존재들 모두가 타자이다. 타자는 단순한 대상이 아니라 나의 배려(Sorge)의 대상들이다. 하이데거는 인간 존재(현존재)의 존재방식을 배려로 규정하였다. 바라다보는 것, 보살피는 것, 돕는 것, 눈여겨보는 것, 관심을 갖는 것, 말을 건네는 것, 들어주는 것, 같이 놀아주는 것, 생각하는 것, 이 모두가 배려에 속한다.

타자는 단지 인간 존재에만 해당되는 것은 아니다. 강물, 산자락, 나무, 꽃잎파리, 물안개, 도롱뇽, 뱀, 강아지 등이 모두 타자 존재이다. 불성은 인간 존재나 생명을 가진 것들, 즉 유정(有情)에만 있는 것이 아니고 돌과 모래와 같은 것들, 즉 무정(無情)에도 있다. 생명을 가진 것이나 생명이 없는 것 모두가 우리들이 배려해야 할 대상들이다.

주체와 객체, 나와 세계, 동일자와 타자에 대하여: 우리는 흔히 자기자신과 주위세계를 대별한다. 그러나 그것은 언제나 분리된 것이 아니라 연결된 것이다. 둘이지만 하나인 것이다. 자연은 정신의 외화현상에 지나지 않는다. 연기(緣起), 성기(性起), 보살(菩薩) 등은 자신과 자연이 하나로 연결되어 있음을 드러낸다.

프랑스의 철학자 레비나스(Levinas 1906~1995)는 에로스(eros)야말로 타자와의 관계를 정립하는 중요한 계기라고 말한다. 에로스는 출산을 가능하게 하고, 아버지와 절대적 타자인 아들을 만들어낸다. 아들은 '타자 안에 심어진 나'이다.

에른스트 블로흐(Bloch 1885~1977)는 출산을 통한 영혼불멸성을 수직적인 연대정신이라고 불렀다. 아들은 나이면서도 절대적으로 내가 아닌 존재로서, 아버지의 유한한 가능성을 넘어서 무한한 미래의 시간성을 약속해주는 존재이다.

타자에 대한 매개 개념으로서 에로스(그리스철학), 아가페(기독교), 배려(하이데거), 관심(하버마스), 희생, 헌신, 신뢰, 책임, 보호 등을 생각할 수 있다.

2. 자신의 지체에 대한 사랑으로서의 에로스

희극작가로서 『구름』이라는 작품 가운데서 소크라테스를 조롱하였던 아리스토파네스(Aristophanes)의 사랑에 대한 견해는 아주 재미있다. 그는 에로스를 인간의 원초적인 본성에 대한 신화를 바탕으로 설명하고 있다(Symposion 189d). 그에 의하면 원초적인 상태에서의 인간은 세 가지 성(性)을 가지고 있었다. 즉 남성과 여성, 그리고 제3의 혼성 또는 '남여성'(anthrogunos)이 바로 그것이다. '안드로구노스'라는 단어는 '아네르'(남성)와 '구네'(여성)의 복합어이다. 당시의 사람들은 등과 옆구리가 온몸에 둘러져 있는 둥근 모습을 하였고, 하나의 머리에 같은 얼굴이 앞뒤로 두 개 달려 있고 귀는 네 개였으며, 팔과 다리는 각각 넷이었고 두 개의 성기가 달려 있었다. 남성은 성기가 모두 남성의 것이고 여성은 두 개가 모두 여성의 것이었으나, 제3의 성을 가진 사람은 각각 남성과 여성을 가지고 있었다. 남성은 태양의 자손이었고 여성은 땅의 자손이었으며 남여성은 달의 자손이었다. 사람들은 전후좌우를 마음대로 다닐 수 있었으며 엄청난 힘을 가진 존재였다. 그리고 이들은 결국 신들에 대항하여 싸우기 시작했다.

인간으로부터 공격을 받게 된 제우스는 인간의 문제를 어떻게 처리할 것인가를 고심하게 된다. 인간들을 말살하게 되면 신들에게 예배를 드릴 존재가 없게 되기 때문에 그는 인간을 절반으로 갈라서 힘을 약화시킬 생각을 하게 된다(190). 결국 신들은 인간들을 절반으로 분할하여, 그

쪼개진 쪽으로 반 조각의 머리를 돌려놓고 갈라진 살 조각을 모아서 꿰매고 그 상처를 보게 하였다. 그것은 바로 지금 우리가 가지고 있는 배와 배꼽이다. 이 분할로 인하여 인간은 한 개의 얼굴에 두 개의 귀와 두 개의 팔다리를 갖게 되었다. 그리고 이 일이 일어난 이후 인간은 언제나 잃어버린 자신의 반쪽을 찾으려고 몸부림쳤으며, 그들은 서로를 꼭 부둥켜안고 하나가 되려고 하였다. 이들은 서로 만나게 되면 일은 하지 않고 항상 붙어 있으려고 했으며, 그 때문에 굶주려서 죽게 되었다. 그리고 살아남은 반쪽들은 다른 반쪽들을 찾아서 계속 헤매게 됨으로써 이들의 운명은 비참하게 되었다. 이렇게 되자 제우스는 인간을 불쌍하게 여겨서 그들의 생식기를 앞쪽으로 옮겨주고 다른 반쪽을 찾게 되면 서로 교접할 수 있게 함으로써 안정을 되찾고 다시 생업에 종사할 수 있도록 하였다. 그리하여 인간은 지금도 잃어버린 자신의 반쪽을 찾기 위하여 열정적으로 된다는 것이다. 어떤 사람들은 남성과 여성이 만남으로써 안정을 찾게 되지만, 어떤 경우에 남성과 남성 또는 여성과 여성이 서로 좋아하는 사람들은 이전에 그들이 남성이거나 여성이었기 때문이라고 동성애를 정당화하고 있다. 그러므로 사랑은 오래 전에 자기가 가지고 있었던 온전한 상태를 갈망하여 열정적으로 하나가 되려고 추구하는 것이다. 에로스는 근원적인 통일성에로 돌아갈 것을 요구하는 것이다.

인간이 말하는 에로스는 자신의 반쪽을 찾으려는 노력이다. 이는 인간이 결핍존재이고, 다른 존재의 도움을 통해서만 완전해질 수 있다는 것을 뜻한다. 이를 형이상학적으로 확장하면 인간 존재는 (몸의 구조뿐만 아니라 정신구조 역시) 부단하게 생성되고 소멸되는 일시적인 현상들의 연속체이므로, 끊임없이 자신 속에 자신이 아닌 것을 수용하고, 자신의 일부를 다른 것 속에 내보내는 과정을 반복하고 있다. 따라서 다른 것들이 존재하지 않는 한 나는 존재하지 못한다. 따라서 다른 것들이 건강하게 존재하지 못하는 한 나 역시 건강하게 존재할 수 없다. 이로부터 "너는 미래 세대의 생존을 훼손함이 없도록 행위하라"는 한스 요나스의 생태학적 정언명법이 도출된다.

3. 에리히 프롬: 사랑의 존재론

희랍의 철학자들은 사랑을 존재론적 차원에서 이해하였다. 그들에게 사랑은 서로 분리되어 있는 것들을 결합하게 하는 힘으로 이해되었다. 특히 엠페도클레스에서 사랑은 물질을 결합하게 하는 존재론적 힘이다. 플라톤은 사랑을 철학적으로 살아가는 사람이 가져야 할 근본정신으로 묘사하였다. 기독교에서의 사랑 개념도 역시 분리된 것을 재결합시키는 힘과 밀접한 관계를 가지고 있다. 종교란 원초적인 존재로부터 벗어나 떨어져 있는 상태에서 다시 본래적으로 결합하고 연결하는 것을 뜻한다. 그리고 이러한 종교의 본질은 사랑이다. 틸리히와 프롬은 사랑의 개념 속에 함축된 존재론적 의미를 잘 설명해내고 있다. 그들에게 있어서 사랑은 분리된 것을 다시 결합하게 하는 존재론적 힘인 동시에 존재에 참여하는 하나의 정서 상태를 의미한다.

에리히 프롬(Erich Fromm 1900-1980)이 발표한 『사랑의 기술』은 사랑을 심리학적으로 접근한 대단히 흥미 있는 작품이다. 그는 사랑이 존재론적 분리에서 기인하는 불안을 해소할 수 있다고 말한다. 분리는 불안의 근원이고 수치심과 죄책감을 수반한다. 그리고 이것은 하느님의 존재로부터 분리된 최초의 인간, 아담과 하와가 자신들의 발가벗음에 수치심을 느끼는 신화적 사실에서 정당화되고 있다. 그리하여 사람들은 누구나 존재론적으로 분리된 상태를 극복하려고 안간힘을 쓰게 되고, 바로 이런 사실에서 우리는 분리감을 비정상적인 방식으로 해소하려는 모든 위험 앞에 노출되고 만다. 사랑은 이러한 분리감정을 정상적으로 해소할 수 있는 유일한 방식이다. 그러나 사람들은 사랑의 힘에 의존하지 않고 즉흥적인 흥분상태 속에서 존재론적 분리에서 오는 불안감을 해소하려고 한다. 술과 마약에 중독되고 성적 쾌감에 탐닉함으로써 불안을 해소하려고 한다. 이와 같은 도취적 황홀상태는 자극적인 동시에 선정적이고 몸과 마음 전체를 지배하지만 일시적으로 갈증이 해소될 뿐이며, 이 상태를 벗어나게 되면 그 전보다 더 절망적인 상태로 전락하게 된다. 그리고 이같은 욕구는 우리 인간에게 주기적으로 찾아오는 근원적 현상이기 때문에 그만큼 더 위험부담이 높아지게 된다.

존재론적 분리상태에서 기인하는 불안감을 해소하려는 일상적인 노력을 우리는 일과 오락에서 찾을 수 있다. 일에 몰두하고 오락에 탐닉함으로써 사람들은 불안으로부터 벗어날 수 있다. 그리고 어떤 사람들은 창조적인 활동에 종사함으로써 자연과 세계에 가깝게 다가설 수 있다. 그러나 이 모든 행위들은 존재론적인 불안의식을 완전하게 해소하지 못한다. 분리를 극복할 수 있는 힘은 사랑이다. 인간은 사랑에 의해서만 분리를 완전하게 극복하고 원초적인 상태로 복귀할 수 있다. 그리하여 프롬은 사랑의 여러 형태와 현상들을 살펴보면서 사랑의 본질이 무엇인가를 이해하려고 고심한다.

사랑은 합일(union)을 추구한다. 그러나 모든 합일이 참되고 이상적인 것은 아니다. '서로 함께 한다'(共棲)는 사실은 생물학적으로 어머니와 태아의 관계에서 확인할 수 있다. 공서적 합일의 수동적 형태는 상대로부터 난폭하게 다루어짐으로써 일탈적인 방식으로 성적 쾌감을 얻는 매조키즘(masochism)이다. 그리고 여기에서는 위대한 힘 앞에서 복종하는 태도가 주도적으로 나타나게 된다. 공서적 합일의 능동적 형태는 함께 하는 대상에게 성적 폭행을 가함으로써 자신의 내부에 쾌감을 자극시키는 새디즘

(sadism)이다. 여기에서는 지배가 주도적인 현상으로 나타난다. 그리하여 매조키스트는 성적으로 가학하는 사람으로서 자신과 함께 사는 사람을 명령, 착취, 폭행, 모멸하는 방식으로 쾌감을 획득하고 있으며, 새디스트는 상대방으로부터 그와 같은 학대를 받음으로써 자신의 생존가치를 확인하는 사람이다. 이러한 사랑은 서로 간에 합일을 추구하고 있으나 원숙하지 못한 비정상적인 사랑이다.

원숙하고 완전한 그리고 보다 이상적인 사랑은 자신의 인격과 개성을 유지하면서 다른 사람과 하나가 되는 사랑이다. 그리고 이 같은 사랑에서는 상대방에게 자신의 것을 주는 측면이 강조된다. 그리하여 프롬은 사랑의 본질을 생리학적인 성의 기능으로부터 추상화하려고 시도한다. 사랑하는 사람들이 성행위를 가운데서 사랑의 본질은 드러나게 된다는 것이다.

프롬에 의하면 사랑은 본질적으로 '주는 것'(giving)이다. 남성의 성 기능은 주는 데 있다. 그는 자신의 것을 그가 사랑하는 여자에게 준다. 그는 성적 쾌감의 절정에 다가설수록 주고 싶어 하는 마음이 보다 간절하게 된다. 생리학적으로 설명하기가 조금 복잡하기는 하지만 여성의 경우에도 사랑하는 행위를 하면서 자신의 것을 주는 것은 마찬가지이다. 여성은 그가 사랑하는 사람을 받아들이는 행위에 있어서 본질적으로는 자신을 열어주고 있으며 극도의 오르가즘에 도달한 결정적인 순간에는 결국 자신의 것을 주어버리게 된다. 그러므로 남성이나 여성에 있어서 사랑의 행위는 자신의 것을 사랑하는 사람에게 준다는 데 집중되고 있으며 이것이 결국 사랑의 본질을 이루고 있다는 것이다.

그러나 보다 원숙한 사랑은 '주는 것' 이외에도 상대방에 대한 보호(care)와 책임(responsibility), 그리고 존경(respect)과 지식(knowledge)을 요구하고 있다.

자식을 보호하는 것이 어머니의 사랑이라는 것은 더 이상 설명할 필요가 없다. 진실한 사랑은 보호하는 기능을 가지고 있다. 보호한다는 것은 사랑하는 대상의 생명과 성장에 대해서 적극적인 관심을 기울이는 것을 말한다. 이것은 구약성서에서 나오는 요나서의 중심 주제를 이루고 있다. 하느님이 요나에게 명령한 것은 바로 사랑으로서 니느웨 사람들을 성결하게 하고 보호하라는 것이었다. 그러나 요나는 고립과 폐쇄상태를 상징하는 율법적 가치기준에서 헤어나지 못하고 하느님의 사랑을 이해하지 못했다. 사랑하는 사람을 보호하려는 마음은 곧 바로 사랑하는 사람들에 대하여 책임을 지는 것으로 자연스럽게 귀착된다. '바라보다'(respicere)라는 어원에서 나온 '존경'이라는 말은 사랑하는 사람을 있는 그대로 보아서 그 독특한 개성을 아는 것을 뜻한다. 그리고 이와 같은 존경은 사랑하는 사람에 대한 지식을 요구하고 있다. 그리하여 '주는 것'은 보호와 책임, 그리고 존경과 지식에서 비롯되는 경우에만 원숙한 사랑으로 연결된다. 이와 같은 전제조건이 결여된 사랑은 존재론적 불안으로부터 일시적으로나마 도피하려는 변태적 또는 도취적인 것에 지나지 않는다.

사랑이란 무엇인가? 에로스란 무엇인가? 그것은 바로 우리들에게 부족한 것이 무엇인가를 감지하고 우리에게 결핍되어 있는 그것을 충족시키려는 정서 상태를 뜻한다. 그것은 육체적으로는 나에게 부족한 절반의 모습을 찾아 완성하려는 노력으로서 나타나고, 정신적으로는 나에게 주어진 부분적이고 상대적인 것을 전체적인 동시에 절대적인 것과 이으려는 요구로서 주어지며, 이와 같은 모든 시도는 결국 이데아 또는 아름다움 그 자체를 관조하게 되는 철학의 길속에서 완성되기에 이른다. 이것은 바로 플라톤적인 사랑의 중심내용이다. 사랑은 결핍존재가 자기완성을 향하여 끊임없이 욕구하는 것이다. 에로스는 선한 것, 아름다운 것, 그리고 참된 것을 추구하며 자기를 완성하려는 욕구인 것이다. 그러나 이와 같은 욕구는 아무렇게나 달성되는 것은 아니다. 순간적인 유혹으로 자신을 내주거나 돈 때문에 몸을 맡기는 것이 올바른 사랑은 아니다. 사랑은 본질적으로 자기의 인격과 개성을 유지하면서 상대방을 보호하고 책임감을 가지면서 자신을 내주는 것이다. 이러한 사랑만이 존재론적 분리로부터 오는 심리적인 불안상태를 궁극적으로 해소할 수 있는 힘을 가지고 있다. 그리고 희생적으로 자기를 내어주는 조건 없는 사랑은 죄인들을 위하여 자신을 십자가에 내주신 하느님의 사랑에서 그 절정에 달한다. 에로스는 자신에게 결핍된 무엇인가를 열정적으로 추구하는 철학적 사랑인 반면에 하느님의 사랑 또는 아가페는 신과 인간의 존재론적 분리를 해소하기 위하여 희생적으로 자기를 내어주는 무조건적인 사랑이다. 에로스는 우리에게 부족한 무엇인가를 찾아 헤매고 추구하는 인간의 정서를 나타내는 반면에, 아가페는 부족하고 결핍된 존재에게 의미와 해방을 가져다주고 충족시켜 주는 기여적 특성을 가지고 있다.

타자에 대한 배려는 자기자신에 대한 사랑으로부터 시작된다(자기애, Selbstliebe). 자기자신을 사랑하지 않는 자는 타자에 대한 배려가 불가능하다. 타자는 자기자신의 일부이기 때문이다.

에리히 프롬은 사랑이 본질적으로 '주는 것'(giving)이지만, 그러나 그것은 자신의 성적 욕망을 무조건적으로 충족시키는 것이 아니라 자신이 가장 소중하게 생각하는 것을 사랑하는 사람에게 준다는 데 집중되고 있다. 이와 같은 사랑은 필연적으로 상대방을 보호(care)하고 상대방에 대한 책임(responsibility)과 존경(respect)을 수반한다. 이를 위해서는 상대방에 대한 지식(knowledge)을 갖추고 있어야 한다.

레비나스는 기존의 형이상학 중심의 철학을 극복하고 타자윤리학의 가능성을 모색하고자 하였다. 아리스토텔레스에서 제1철학은 형이상학이었다. 그러나 레비나스는 윤리학을 제1철학으로 생각하였다. 자아는 타자를 통하여 무한성으로 다가갈 수 있다. 하이데거의 형이상학이 존재의 의미를 찾는 것을 지향한다면 레비나스의 형이상학은 '선한 것'을 찾아 나서고 있다. 에로스의 '무한한 충동', '열망의 움직임'은 '무한한 이념에 대한 열망', '보이지 않는 것에 대한 열망', '타자로 나가는 움직임', '타자로의 초월' 등으로 연결된다.

인간의 삶은 나 자신으로 끝나지 않는다. 우리는 그물망처럼 얽힌 세계 속에서 살고 있다. 내가 생존하기 위해서는 오존층이 존재해야 하고, 깨끗한 물과 공기와 바람이 있어야 한다. 사랑하는 사람이 있어야 하고 아내와 자식이 있어야 하고 친구와 이웃이 존재해야 한다. 학교와 사회가 있어야 하고 국가와 세계와 우주가 존재해야 한다. 나를 둘러싼 이 모든 것은 나의 타자들이다. 그것은 나와 연결되어 있으면서 내가 관계하고 있으며 배려하고 있는 환경세계이자 삶의 세계이다. 타자에 대한 배려는 나의 존재근거이며 나의 존재를 더욱 풍성하고 가치 있게 해주는 것들이다. 나를 사랑하는 것처럼 타자를 사랑해야 한다. 나를 가꾸는 것처럼 타자도 가꾸어야 한다. 나를 아끼는 것처럼 타자도 아껴야 한다. 타자에 대한 배려는 곧 나에 대한 배려이다. 타자에 대한 배려는 우리 사회의 공동체를 최선의 이상과 가치를 추구해가는 원천이 된다. (2006.04.04)

저자 소개

김 진

울산대 교수, 울산CBS 논설위원, 독일 루어대학 철학박사
e-mail: *jinkim@mail.ulsan.ac.kr*

1989년 이후 울산대학교 철학과 교수로 재직하고 있으며, 1992년부터 10년 동안 울산대 출판부장, 1991년부터 한국칸트학회, 철학연구회, 한국철학회, 대한철학회, 범한철학회, 새한철학회, 니체학회 등에서 편집위원, 이사, 부회장 등을 역임하였으며, 2000년 울산시 문화상(학술I부문)을 수상하였다.

주요저서로는 『칸트의 요청이론』(*Kants Postulatenlehre,* Verlag Peter Lang 1988), 『생활속의 철학』(1990, 1994), 『칼 마르크스와 희랍철학』(1990, 1998), 『철학의 현실문제들』(1994), 『새로운 불교 해석』(1996), 『종교문화의 이해』, 『아펠과 철학의 변형』(1998), 『칸트 · 순수한 이성의 한계 안에서의 종교』, 『선험철학과 요청주의』(1999), 『살고있는 순간의 어두움』(1999, 2001), 『칸트와 불교』(2000, 2004), 『칸트와 생태사상』, 『퓌지스와 존재사유』(2003), 『무아윤회 논쟁』, 『라이프니츠, 헤겔, 쇼펜하우어와 불교』, 『니체와 불교적 사유』, 『하이데거와 불교』, 『화이트헤드와 화엄형이상학』(2004), 『동성애의 배려윤리적 고찰』, 『칸트와 세계관의 철학』, 『하느님의 길』, 『최고선과 요청주의』 (2005) 외 다수가 있다.